THE CONTACT

ザ・コンタクト

すでに始まっている「宇宙時代」の新常識

大川隆法

Ryuho Okawa

まえがき

「宇宙の法」に関する情報は、断片的《だんぺんてき》にいろんな形ではいってくる。この秋、全世界で「ＵＦＯ学園の秘密」――〝The《ザ》 Laws《ローズ》 of《オブ》 The《ザ》 Universe《ユニバース》 Part《パート》 0《ゼロ》〟――を公開するにあたって、たくさんの書籍群に散らばっている「宇宙の法」の基礎情報を集めてみる必要にかられた。

地球に飛来《ひらい》してきたＵＦＯと宇宙人も、十数種類から二十種類ぐらいと考えていたが、それは主《おも》だった者たちであって、現実には、五百種類に達することも判《わか》った。

私自身も統一的に「宇宙の法」をまとめるのに困難さを感じるので、今回手頃な要点集として入門書を編《あ》んでみた。入門書といっても「世界初」の内容がたくさんはいっている。既刊の『ＴＨＥ ＦＡＣＴ 異次元ファイル』とあわせて読んで下さると、映画の内容も、もう一段良くわかるようになるだろう。

二〇一五年　八月二十五日

幸福《こうふく》の科学《かがく》グループ創始者兼総裁《そうししゃけんそうさい》　大川隆法《おおかわりゅうほう》

まえがき ―

ザ・コンタクト

THE CONTACT

すでに始まっている「宇宙時代」の新常識

CHAPTER 1

「宇宙時代」の幕開け 27

CHAPTER 2

「宇宙人リーディング」入門 45

CHAPTER3

UFO航行の原理 61

COLUMN 5

CHAPTER4

なぜ、宇宙人は地球にやってくるのか？ 75

CHAPTER 5

CHAPTER 7

地球を守る「宇宙連合」とは？ 183

霊言《れいげん》とは?

「霊言《れいげん》」とは、あの世の霊を招き、その思いや言葉を語り下ろす神秘現象のことです。これは高度な悟《さと》りを開いている人にのみ可能なものであり、トランス状態になって意識を失い、霊が一方的にしゃべる「霊媒《れいばい》現象」とは異なります。

守護霊《しゅごれい》霊言とは?

人間の本質は「霊」(「心」「魂《たましい》」と言ってもよい)であり、原則として6人で1つの魂グループをつくっています。それを、幸福の科学では「魂のきょうだい」と呼んでいます。

魂のきょうだいは順番に地上に生まれ変わってきますが、そのとき、あの世に残っている魂のきょうだいの一人が「守護霊」を務めます。つまり、守護霊とは自分自身の魂の一部であり、いわゆる「潜在《せんざい》意識」と呼ばれている存在です。

その意味で、「守護霊の霊言」とは本人の潜在意識にアクセスしたものと言えます。本人の地上での経験等の影響により、本人と守護霊の意見が異《こと》なるように見える場合もありますが、その人が心の奥底で考えている「本心」と考えることができるのです。

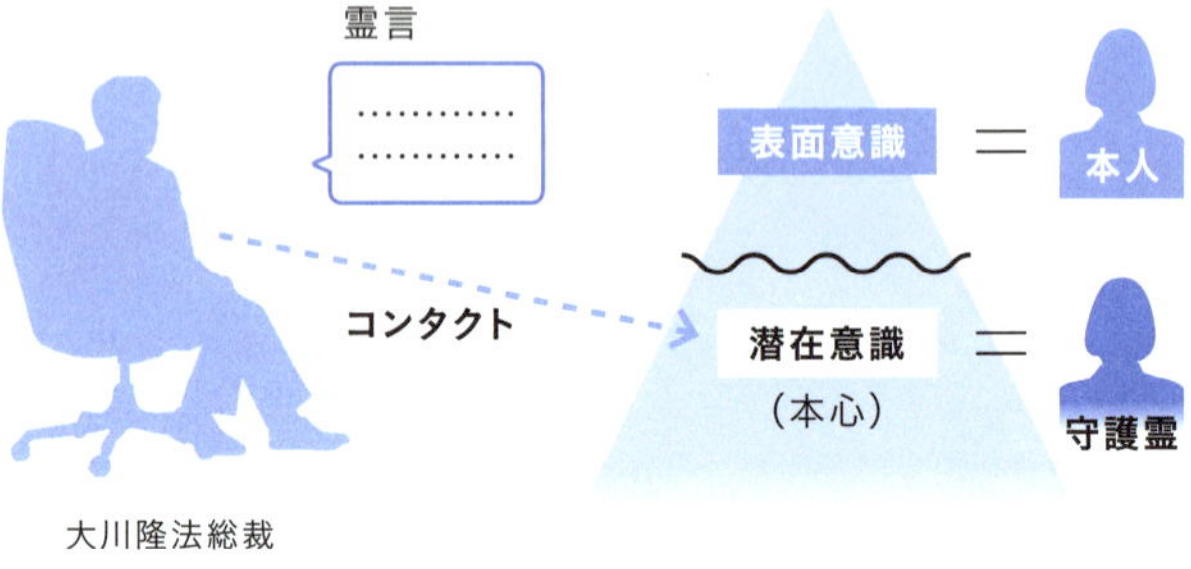

＊なお、「霊言」は、あくまでも霊人の意見であり、幸福の科学グループの見解と矛盾《むじゅん》する内容を含む場合があります。

ザ・コンタクト

「宇宙人とのコンタクト」がもうすぐ始まる

宇宙人やＵＦＯ（未確認飛行物体）に関し、
日本は非常に後進国《こうしんこく》です。
しかし、世界各地にはいま、数多くのＵＦＯが飛来《ひらい》しています。
そして、いたるところで事件が起きつつあります。

私はあなたがたに予言します。
日本でも、そう遠くない将来、
ＵＦＯの大群が都市の上空に現れるでしょう。
あなたがたはおそらく、彼らの宇宙船の姿を、
新聞の一面の写真やテレビのニュース番組で
見ることになるでしょう。
そして、彼らのうちのある者は地表《ちひょう》に着陸し、
その姿を現そうとするでしょう。
しかし、そのときに心してほしいのです。

地球への飛来者たちは神ではないし、
また、そのすべてが必ずしも善良《ぜんりょう》なる人びとではないのです。

宇宙には知的生命体が数多く生きていますが、
地球の国連の憲章《けんしょう》と同じように、宇宙にも協定があって、
「ある星のなかで、人びとが愛し合い、調和し合い、
建設的に生きているあいだは、
他の惑星《わくせい》の人間はその文明に介入《かいにゅう》してはならない」
というルールがあります。

介入が許される唯一《ゆいいつ》の例外は、その惑星に住む人たちが、
みずからの手によって
文明を破滅《はめつ》させようとしているときだけです。
ただ、そのときには、善良なる者も介入してくるでしょうが、
同時に悪なる者も介入してくるということを、
心しておかねばならないのです。

現代の天文学では、宇宙には1000億個以上の銀河があると言われている。

CHAPTER 1
「宇宙時代」の幕開け

「宇宙人情報」で後《おく》れをとっている日本

私は、ここ数年、『宇宙人リーディング』（幸福の科学出版刊）をはじめとして、「宇宙人の姿」や「宇宙での生活」、「宇宙から地球に飛来した人の話」等を明らかにした本を数多く出しました。日本において、宇宙人に関する情報が、これだけはっきりと出ているケースは珍《めずら》しいと思います。

一方、アメリカでは、宇宙人もののフィクション映画が数多く製作されています。

これに関しては、アメリカ政府も関係しているようです。「人々が、宇宙人と遭遇《そうぐう》したときに、あまりに大きなショックを受けないよう、情報を小出《こだ》しにしている。エンターテインメントというかたちで、宇宙人に対する、人々の理解を得ようとしている」と噂《うわさ》されているのです。

しかし、日本においては、そのような傾向《けいこう》は、まったくありません。

日本人は、あの世や霊《れい》について無知であると同時に、宇宙に関しても まったく無知の状態にあるのです。

2 「人類の本当の歴史」が今、明らかになりつつある

実を言うと、日本は、世界のなかでも、UFOの最多出現地域の一つです。しかし、日本では、UFOの出現等について、まったく報道されないため、数多くの現象が、みなさんの目や耳には届かない状態で放置されています。

今、私は、『旧約聖書《きゅうやくせいしょ》』のなかの「創世記《そうせいき》」に書かれていることのもっと奥《おく》にある根源なる真相を、みなさんに伝えています。地球の始まりや宇宙との交流、人類の本当の歴史を説き始めているのです。

世界の人々に、真実を知らせなければならないのです。それは、「次なる時代が、今、迫《せま》ってきている」ということを意味しています。

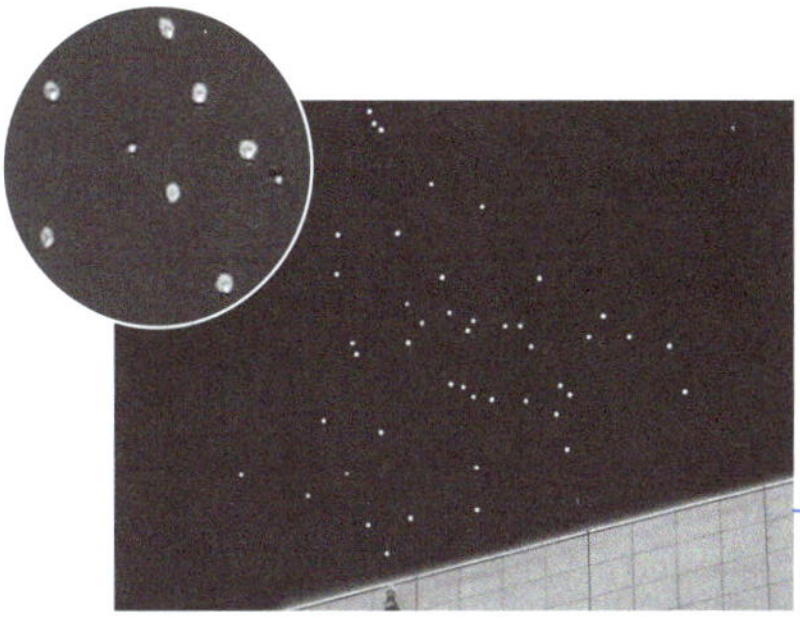

2010年12月4日、横浜アリーナで行われた大川隆法講演会「世界宗教入門―『地球人』へのパラダイムシフト―」の終了直後、会場上空にUFOフリート(艦隊)が出現。数千人が同時に目撃した。

3　地球人が宇宙人と交流するための条件とは？

現在、宇宙から、数多くの宇宙人が地球に飛来していますが、彼らは、その姿をなかなか現そうとしません。自分たちの乗り物の一部を見せても、すぐに消えてしまいます。

これが意味していることは何でしょうか。「彼らは、地球の文明に直接的な関与《かんよ》をしないようにしている」ということは事実でしょうが、一方で、「姿を現したくても、まだその時が来ていない」ということも事実であろうと思うのです。

実際に、いろいろな宇宙人が地球に来ていますが、ハリウッド映画等で描かれているような、「宇宙人による地球侵略《しんりゃく》」というようなことばかりが起きるわけではありません。もし、そういう宇宙人ばかりならば、地球侵略は、とっくに始まっているはずです。

彼らは、そういう目で地球を見ているわけではなく、「地球において、今、この時代まで生き延《の》びてきた人類と、宇宙の仲間たちとは同根である」ということを知っています。

そのため、彼らは、「この地球独自の文明が、今後どのように発達し、発展していくのだろうか」「自《みず》らのかつての同胞《どうほう》たちが、この地球において、どのような文明をつくっていくのだろうか」と思いながら、地球を見守り、交流してもよい時期が来るのをじっと待っているのです。

その時期は、ごく近いところにまで迫ってきています。

したがって、私は、「宇宙人と交流する前提として、人々に知識を与《あた》えなければならない」「日本人のみならず、世界の人々に、本当の知識、すなわち、真実を教えなければならない」と思っています。私たちは、真実に基《もと》づいて、「どう判断し、どう行動すべきか」ということを考えねばならないのです。

そうした共通知識ができて初めて、宇宙との交流が始まります。

4　宇宙をルーツに持つ生命体が地球上に存在する?

宇宙人との交流を開始するためには、「人類のルーツ(根っこ)は、いったいどこにあるのか」ということについて説かなければならないでしょう。

もちろん、地球で生まれた生命体も数多くいますが、地球起源ではない生命体も数多くいます。「宇宙からやって来て地球に住むようになり、地球人と同化して現代まで生き延びている生命体もいる」という事実を、私は告げ知らせています。

それは、教科書で教えられているダーウィン的な進化論、すなわち、「アメーバやプランクトンが進化して、両生類や爬虫類《はちゅうるい》、哺乳類《ほにゅう》が出現し、さらに類人猿《るいじんえん》が進化して、今の人間になった」という説とは異なっています。

このことが常識になってくれれば、私は、宇宙の神秘について、もっと明らかに語ることができますし、人類の歴史についても、いろいろなことをもっと明確に語ることができるようになります。

5 いま地球には、どんな宇宙人が来ているのか

いま地球に来ている宇宙人たちのなかで代表的なものをあげると、一つは「グレイ」といわれる種類の宇宙人です。身長は一メートルぐらいで、手足が長く、黒曜石《こくようせき》のような瞳《ひとみ》を持ち、つり上がった目をしています。彼らは探究心が旺盛《おうせい》です。数多くの地球人の身体《からだ》を調べたり、地球における政治の仕組みを調べたりしています。

ただ、彼らは身体が小さく、その肉の身のままで地球の人びとの前に現れたならば、地球人の腕力《わんりょく》によって容易にその生命《いのち》を奪《うば》われてしまうおそれがあるため、恐怖心《きょうふしん》が強く、そう簡単には姿を現しません。

もう一つの代表的な宇宙人は、「レプタリアン」といわれているものです。レプタリアンとは、爬虫類という意味の英語です。その名のと

★グレイ　⇒p.182
★レプタリアン　⇒p.160

おり、彼らは爬虫類のような姿をしていますが、地上に現れるときには、その姿をストレートには現さずに、違《ちが》った姿で現れてきています。

そして、姿だけではなく、その心も爬虫類に非常に似ています。彼らは肉食で、地球の哺乳類を食べます。ときには人間をも食べることがあります。

また、プレアデスという星団からは、金髪《きんぱつ》で地球の白人そっくりの宇宙人が来ています。

このように、現在は宇宙人たちが数多く地球に来ているのです。

6　人類が直面する新たな課題とは?

今後、いままで考えたことのなかった、「新しい課題」や「論点」と言うべきものが出てくるであろうと思います。

例えば、これまでの戦争では、地球という星のなかで完結する正義を巡《めぐ》って戦っていました。地球内での覇権《はけん》競争というかたちで、「どち

★プレアデス　⇒ p.125

らが正しいのか」という争いを延々と続けてきたわけです。

しかし、いま、人類は、それを超《こ》えた世界に踏《ふ》み出そうとしています。人類は宇宙時代に入ってきました。「宇宙時代の正義とは何なのか。宇宙時代の真理とは何なのか」ということが問われる時代に入ってきたのです。

二十一世紀から、二千年後、三千年後の未来までを見渡《みわた》してみると、これからは、宇宙の悟《さと》り、宇宙時代の仏法真理《ぶっぽうしんり》、宇宙時代の正義というものも念頭に置いて考えなければなりません。過去の真理や正義だけをもとにして判断すると、過《あやま》つことになると思われます。

7 地球に飛来している宇宙人の特徴《とくちょう》や目的を知ろう

地球では、「広大な宇宙のなかで、地球にだけ人類が住んでいる」と思っている人が大勢を占《し》めていますが、実際は、地球にだけ人類が住んでいるわけではありません。

★仏法真理　この世とあの世、過去・現在・未来を貫く普遍の真理、仏神の教えのこと。

宇宙には、数えきれないほどの銀河があり、数限りない星があります。地球に似た環境《かんきょう》の星もたくさんあり、地球の人類と同じような進化の道を辿《たど》っている人々も数多くいます。

そして、私の著書や当会が製作した映画にも何度か登場していますが、人類と同程度か、あるいは、それ以上に進化した人たちも、現在、数多く地球に来ています。その数は正確には分かりませんが、少なくとも十数種類から二十種類は来ていると推定されます。

地球から遙《はる》かに離《はな》れた星から飛来する以上、彼らの科学技術の水準は、少なくとも、いまの地球のレベルを超えていることは確実です。

彼らの思想や信条の内容、レベルが、どの程度であるかということは、議論の余地がまだあるとしても、少なくとも理数系的な知能の面では現代の地球よりも優《すぐ》れています。地球との差は星によって違い、百年や二百年から数千年までの幅《はば》がありますが、地球より進んでいることは間違いありません。

★地球に飛来している宇宙人の数
『THE FACT 異次元ファイル』(幸福の科学出版)の宇宙人リーディングでは、メジャーな宇宙人は数が絞られるが、小さなところも入れると五百種類ぐらい来ていることが判明している。

ただ、今後、大きな課題となってくるのは、「地球のレベルより高度な技術を持った人々は、いかなる精神性や指導原理を持って生きているのか。その星の人々は、いかなる教えを真理として教育されているのか。彼らは、いかなるミッション（使命《しめい》）を持って、この地球に来ているのか」ということです。

そういう星の人々の見解とも比較《ひかく》対照しながら、あるべき姿を悟っていかねばならないと思います。

太陽のように自ら輝く天体「恒星」や、その周りを公転する「惑星」、ガスや塵《ちり》の集まりである「星雲」などが集まって「銀河」ができている。

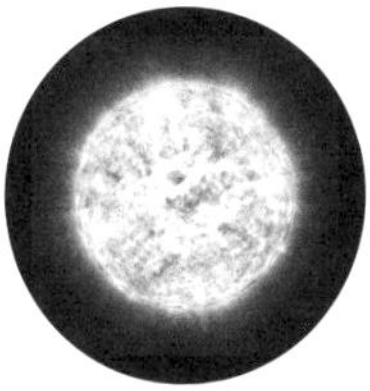

私たちの住む「天《あま》の川《がわ》銀河」には、約1000億～2000億個の恒星があると考えられている。

1995年以降、太陽系以外の恒星系にも惑星が1887個、発見されている（2015年8月14日時点）。それらは、「太陽系外惑星」あるいは「系外惑星」と呼ばれる。

COLUMN 1

コンタクティーの元祖《がんそ》 アダムスキーの霊《れい》が語る「宇宙時代」

REIGEN 霊言

「次の文明は、霊界《れいかい》と宇宙にかかわる文明です」

アダムスキー　もうすぐ宇宙人が姿を現すと思います。

そのときに「知識がない」ということは、悲しいことです。

日本は、進んでいるようで、実は〝情報鎖国《さこく》〟されていて、宇宙に関することや霊界《れいかい》に関することについては、今、非常に後《おく》れており、改善する余地があります。

次の文明は、霊界と宇宙にかかわる文明です。だから、新文明は、霊界と宇宙から切り離《はな》されては存在しません。

そして、実は、今、宇宙の謎《なぞ》を解きながら、諸民族が争ってきた歴史の霊的背景や、宇宙の歴史の背景を明らかにしようとしている

ジョージ・アダムスキー（1891-1965）
コンタクティー（宇宙人遭遇者）の元祖として知られるポーランド系アメリカ人。1952年、モハーヴェ砂漠で空飛ぶ円盤と宇宙人（金星人）に遭遇。その体験を書いた『空飛ぶ円盤実見記』が世界的ベストセラーとなる。

ところであり、理解の手がかりを与《あた》えようとしているわけです。「人種の違《ちが》いには意味があって、偶然《ぐうぜん》ではないのだ」ということですね。

だから、肉体先祖にも、もともと物質化現象的につくられたものもあれば、遺伝子操作でつくられたものもあり、地球と似た気候環境《かんきょう》の下《もと》にいた宇宙人が、そのままの肉体で移り住み、地球に適応する体に変わったものもある。パイトロンというふうな機械によってつくられた人霊《じんれい》もいる。

また、レプタリアンというようなものが、肉体でも来ているけれども、それは、外見上は、変装をしたかたちで、人間に見えるような姿に変わってい

アダムスキー型UFOとは？

いわゆる「空飛ぶ円盤」型のUFOを「アダムスキー型UFO」と言う。アダムスキーが第一発見者ではないが、同氏が1952年12月13日に自ら撮影したというUFOを『空飛ぶ円盤実見記』で紹介したところ、ブームとなり、以降、この型のUFOが「アダムスキー型」として、UFOの代名詞となった。

★パイトロン　高次元の光を増幅させて人間の魂に照射することで、魂の分身を誕生させる装置。1億3000万年ほど前に開発され、使用されたが、意識の低い霊が大量に生まれたため、数億人で打ち止《ど》めとなった（『太陽の法』〔幸福の科学出版〕参照）。

★レプタリアン　⇒p.160

る。「そういう技術も持っている」ということですね。

　それから、アメリカでは、UFOによるアブダクション、誘拐《ゆうかい》事件が多発し、もう数百万件から一千万件も起きていると言われておりますけれども、これが、今後、日本等にも起きてくる可能性はありますので、そうした存在について教えておく必要はあるかと思います。

　宇宙人との付き合い方が今後の発展の鍵《かぎ》になると思います。

「アブダクション」とは？

「アブダクション」とは、誘拐や拉致《らち》などの意味で、特に、「宇宙人による誘拐事件」を指す場合が多い。「人体実験や調査目的でUFOに連れ去られ、インプラント手術等をされて地上に戻された」といった事例が、アメリカを中心に世界各地で報告されている。

映画のモチーフにもなっている「アブダクション」

2015年劇場公開

「UFO学園の秘密」

あるアブダクション事件をきっかけに、ナスカ学園に迫る危機を知った5人の高校生の、地球の運命をかけた戦いが始まる！

(2015年10月10日全国一斉ロードショー／製作総指揮・大川隆法／幸福の科学出版)

「THE 4TH KIND」

アラスカ州の小さな町で起きたアブダクション疑惑の恐怖を描く。

(2009年公開／ユニバーサル・ピクチャーズ／ワーナー・ブラザーズ)

COLUMN 2

地球の進化計画の責任者の一人 孔子《こうし》からのメッセージ

REIGEN 霊言

「地球もまた、〝数多くの宇宙人のるつぼ〟と化してきております」

孔子　孔子《こうし》です。中国に生まれ、儒教《じゅきょう》の祖となっておりますが、今、私の仕事の一つとして、宇宙からの移住、および、地球人類の創成にもかかわっております。

宇宙には、地球以上に進化した星は、まだまだあります。科学技術において地球より進化している星がすでにあることは、地球に来ている宇宙人がいることから見て明らかです。

数百年ほど進んでいるものから、千年、二千年も進んでいるものまであることは、分かってはいるんですけれども、それとは違《ちが》った意味において、「魂《たましい》の教育的なところでのレベルの高下《こうげ》は存在する」

孔子（紀元前552-同479）
中国・春秋時代の思想家で、儒教の祖。数億年前、セラビムという名で白鳥座から地球へ移住してきた九次元存在(p.64)。現在、「人類100億人計画」等の地球の進化計画を担っている。

というふうに私は思っております。

地球という星は、科学技術においては長らく劣《おと》ってはいたのですけれども、ようやく、宇宙の仲間と交流するレベルに進化し、入っていこうとしております。

ただ、一方、文化的、思想的なものにおいては非常に優《すぐ》れたものがあって、科学技術が優れた他の星よりも、例えば宗教や政治においては優れたものも持っております。そのため、「科学技術が進んだ他の星の人であっても、地球に移り住むことによって、政治や宗教、文化等を学ぶことはできる」ということがあります。

アメリカが、そしてニューヨークが、「人種のるつぼ」とも言われてきておりますけれども、宇宙そのものが、実は、もっともっと数多くの人種のるつぼであって、地球もまた、〝数多くの宇宙人のるつぼ〟と化してきております。

ですから、「遠い遠い昔から、宇宙人が、いろいろな星より地球に来ている。宇宙人の子孫については、もとの母星から定期的に観察に来て、報告がなされており、地球にて、どれだけの進歩を遂《と》げたかが知られている」という状態であります。

まあ、「この世的な善悪を超《こ》えたものもある」ということは、やはり言わざるをえず、例えば今から千年先になれば、あなたがたの価値観も大いに変わってくるようになるでしょう。

人類は、今、医学、生物学等の進化により、新しく人類の複製をつくれる段階まで来ようとしております。さらに、宇宙にも出ていける段階が来ており、地球外生命体とかなり近いところまで、今、急速に進化を遂げてきつつあると思います。

その意味において、これから、「宇宙の法」というものが非常に大事になってくるでありましょう。

CHAPTER 2
「宇宙人リーディング」入門

1 「リーディング」や「霊言《れいげん》」に必要な能力とは？

現在、私自身は、さまざまな霊的能力を使っていますが、世界レベルで見ても、おそらく最高度の能力を持っている一人だと思います。

私は、仏教で言う「六大神通力《じんつうりき》」に相当するものを持っていて、「過去世透視《かこぜとうし》リーディング」も「カルマ・リーディング」もできます。例えば、現在、ある人がアレルギーなどの非常に難しい病気を持っている場合に、「なぜアレルギーが出てきているのか」ということについて、前世など、今世《こんぜ》に生まれてくる前まで遡《さかのぼ》ったりして、原因を探究することができるわけです。

2 催眠《さいみん》状態、トランス状態にならない理由

普通《ふつう》は、「ベッドに横たわって、退行催眠のようなものをかけ、テープレコーダーを回す」というように、本人が意識を失ったかたちでや

★六大神通力　仏陀（悟りを開いた者）に特有の六つの能力のこと。
①天眼《てんげん》：霊視能力。人間のオーラや憑依霊、あの世の世界を透視する力。
②天耳《てんに》：あの世の霊たちの声を聞くことができる能力。また、霊言能力。
③他心《たしん》：読心《とくしん》、マインド・リーディング。人の気持ちが手に取るように分かる能力。
④宿命《しゅくみょう》：自分の将来はもちろん、他人の運命や過去世のことまで分かる能力。
⑤神足《じんそく》：幽体離脱能力。肉体を地上に置いたまま、霊界などを見聞できる。
⑥漏尽《ろじん》：欲望に振り回されず、それを自由に超越する能力。

さまざまなタイプの「リーディング」

●リモート・ビューイング（遠隔透視リーディング）

特定の場所に霊体の一部を移動させ、その場の状況を視《み》る。六大神通力のうちの「天眼《てんげん》」と「神足《じんそく》」を組み合わせた能力。

●タイムスリップ・リーディング

リーディング対象者について、「時間」と「空間」の座標軸を合わせて霊体の一部を飛ばし、リーディング対象者の過去や未来の状況を透視する。

●カルマ・リーディング

リーディング対象者の病気、その他の諸問題について、本人の過去《かこ》世《ぜ》を遡《さかのぼ》ってその原因を探索・発見する。原因が判明することで「カルマの崩壊」が起こり、その病気が治《ち》癒《ゆ》することもある。

宇宙人リーディング

過去世リーディング（タイムスリップ・リーディング）の延長にあるもので、地球人の「魂《たましい》の記憶」を遡り、地球に来る以前の部分を呼び出して対話をする能力。その際、宇宙人の魂は、霊言を行う者の言語中枢から必要な言葉を選び出し、日本語で語ることもできる。

宇宙人リーディングのイメージ

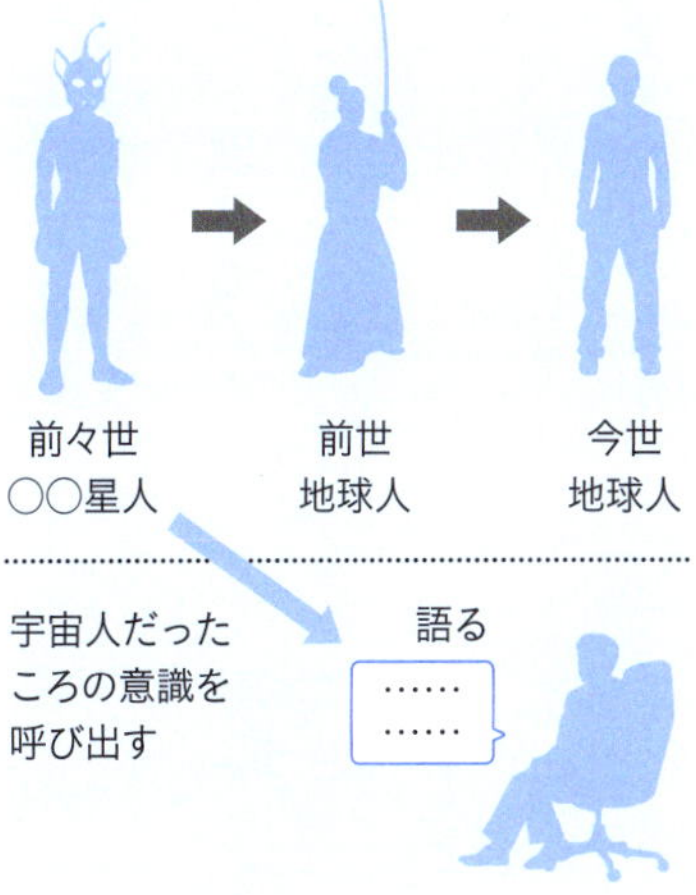

るものです。

チャネリングと言われるものは、だいたい、そういうスタイルでやっておりますが、私の場合、短時間で切り替《か》えてできるところが違《ちが》います。

エドガー・ケイシーなども、「眠《ねむ》れる予言者」と言われたように、「自分が寝《ね》ている間に、知らないことをたくさんしゃべっている」というような感じでやっていました。

それが、普通のトランス状態やチャネリングと言われているものの実態ですけれども、私の場合は、起きたままの状態で、同時通訳のように霊言ができます。さらに、霊が話しているときに割って入り、霊と質疑応答することも可能です。

これは、やはり、霊能力のキャパシティの違いが原因かと思います。私自身の持っている霊的なエネルギーを完全に支配するだけの霊がいないからです。

★チャネリング　霊的世界の存在と交信し、その念いを伝えること。
★エドガー・ケイシー(1877-1945)
アメリカの予言者、心霊治療家。病気の治療法や人生相談等について、催眠状態で数多くの「リーディング」を行った。

3 他に類のない「宇宙人リーディング」の仕組み

当会では、「宇宙人リーディング」というものもよく行《おこな》っています。

過去世リーディングの延長になりますが、現在、地球人として生きている人の意識の奥《おく》にある記憶《きおく》を、数万年、数十万年、数百万年、あるいは、もっと昔まで探《さぐ》っていき、地球に辿《たど》り着く前の存在のところまで魂《たましい》の歴史を探究していって、宇宙人時代の魂存在を時空間を超《こ》えて呼び出します。

要するに、「ワームホール的にタイムスリップさせて、その時代の意識を現代に甦《よみがえ》らせ、語らせる」ということを行っているわけです。

今のところ、こうした「宇宙人リーディング」という手法は類例がなく、ほかでは聞いたことがありませんが、できる以上、しかたがありません。

そういう、はるか昔の時代の記憶を、なぜ再現できるのでしょうか。

★ワームホール　宇宙のなかに離れて存在する２点間を結ぶ、トンネルのような時空構造。アインシュタインの一般相対性理論によって、その存在が数学的に導き出されている。ワームホールを通ると光よりも速く移動できるため、理論的にはタイムトラベルも可能になる。「宇宙人リーディング」では、宇宙航行の原理として、ワームホールに言及する宇宙人が多い。

それは、少し古い譬《たと》えかもしれませんが、レコード盤《ばん》を回して音楽を再生するのと同じようなことです。つまり、昔の魂の部分と〝接続〟することができれば、その部分を再生することができるのです。

そのように、宇宙に住んでいたことがある人の記憶を、いろいろと引き出し、現象化して表しているわけです。

4 「宇宙人リーディング」が本物であることを、どう証明するか

今後、必要になるのは、「宇宙人リーディング」の真実性と実証性の部分でしょう。それが必要だと思います。

確かに、現在でも、「宇宙人の声が聞こえる」という人はたくさんいます。いわゆる霊界の霊人が語っているのか、それとも、本当に宇宙人が語っているのか、そのへんは分かりませんが、チャネラーといわれる人の中には、「宇宙人と称《しょう》する者の声が聞こえる」という人がいるのです。そういう人は、日本だけではなく、英米圏《けん》にもけっこういます。

ただ、宇宙人からの通信と称する本をいろいろと読むかぎりでは、当会の普通の霊言とあまり変わらないような感じもします。

一方、当会から出ている「宇宙人リーディング」の内容そのものは、複数の対象から個別に取ってきた情報ではありますが、互《たが》いにつながっている部分がかなりあります。そのため、これを続けていけば、どこかで、「量」が「質」に変わってくるときが来ると思います。

いろいろな種類の内容を持ったものを大量に出し続けていくこと自体、通常、創作では不可能です。真実のものである以上、出し続けていけば、必ず、「量」が「質」に変わり、全体像が見えてくるときが来るであろうと感じています。

5 地球にやってきた爬虫類《はちゅうるい》型宇宙人のその後は？

「宇宙人リーディング」によれば、他の星にも、シカ、ウサギ、リス、ブタ、カピバラ等、動物の姿をしたものが存在するようです。そして、

リーディングで明らかになった宇宙人の秘密

これまで、遠隔透視リーディング（p.47）によって、通常は外部から立ち入ることのできない秘密エリアや湖の底、さらに宇宙空間に至るまで霊視を行ってきた。以下で、その一部を紹介する。

『ダークサイド・ムーンの遠隔透視』

地球から直接観測できない月面の裏側には、いまだに謎が多い。

発見したもの

- 地下に広がる巨大な基地
- 後頭部に曲がった角のある黒ヤギのような宇宙人
- 後頭部が長く、ピラニアのような歯で、尻尾のある爬虫類型の宇宙人　など

リーディングで判明した新事実は、映画「UFO学園の秘密」（大川隆法製作総指揮）で映像化。

『ネバダ州米軍基地「エリア 51」の遠隔透視』

アメリカが密かに宇宙人研究を行う基地といわれながら、その内部は謎に包まれている「エリア 51」内部に潜入。

発見したもの

- H・G・ウェルズ型（タコ型）をした長い脚の宇宙人
- 鋭い角が生えている鬼のような顔をした宇宙人　など

『遠隔透視 ネッシーは実在するか』

未確認生物として有名なネッシーの実在を探るため、ネス湖を探索したところ、耳が尖り、頬から胸にかけてたくさんの触手が生えたホビット型の宇宙人に遭遇。宇宙人は、「ミステリーサークルは、ときどき、つくった」などと語った。

2001 年 8 月、イギリス南部に出現した直径約 240 メートルのサークル。出現前夜には激しい雨が降った。

※書籍はいずれも幸福の科学出版

地球に来て以降、その原型をとどめているものもあれば、大きくなったり小さくなったりするなど、体形が変化したものもあるのではないかと思われます。

また、爬虫類の仲間も地球にかなり来ていることは、ほぼ確実であると見ています。今は「死滅《しめつ》した」と考えられている恐竜《きょうりゅう》のたぐいも、気候が温暖で食料が豊富だったため、地球で巨大化《きょだい》したようです。

全盛期には、体長が数十メートルもある大きな恐竜が存在したことが、化石等から分かっているのですが、「宇宙人リーディング」によると、地球に来た当初は、そこまで大きくないように思われるのです。もともとは数メートルぐらいだったものが、地球で大きくなっていき、その動物体としての体を進化させたようです。

一方、爬虫類型の生き物として地球に来たものの、その後、人類のほうへと変化していったケースもあるのではないかと思われます。

このあたりを、今後、もっともっと緻密《ちみつ》に研究したいと考えています。

6 「進化論」や「人類創成神話」の秘密を明らかにしたい

ただ、少なくとも言えることは、「現在の科学が主張しているような、『タンパク質のかたまりのようなものが収縮するあたりから始まって、次第《しだい》しだいに生命ができ、やがて、ネズミのような生き物が生まれ、それが先祖になって人間ができてきた』という歴史ではない」ということです。

その意味では、今の進化論は間違っています。ただ、地球での環境《かんきょう》に応じて変化してきたことは事実であろうと考えています。

ともあれ、「宇宙人リーディング」によって、本当の意味での秘密、すなわち、「進化論」に秘められている真実と間違いが明らかになってきています。さらに、『旧約聖書』に書かれている人類創成の神話についても、その一部は当たっていて、「地球で人類が創られたこともあるらしいが、一部には、宇宙から来ている者もある」ということが分かってきているのです。

「宇宙の法」の探究は、まだ始まったばかりです。これは、私の今世の命の続くかぎり、探究していかなければならないものだと思います。これができる人は、今後、それほど数多く出てくるとは思えないので、できるかぎり、私が自分でやれるところまでやっておきたいと考えています。

こうした、一般《いっぱん》には知りえないようなことが、おそらく、二千年後や三千年後まで遺《のこ》る法の一部となるのではないかと感じています。

COLUMN 3

近代科学の祖ニュートンが語る 人類の魂《たましい》の歴史

REIGEN 霊言

「魂《たましい》の事実を、魂の歴史を、人類は忘れ去っている」

ニュートン　この大宇宙のなかにも、「銀河全体の成功や幸福、繁《はん》栄《えい》」ということを希望して活動している人たちがいるのです。そうした素《す》晴《ば》らしい人たちがいるのです。こうした人たちと話し合いができるようになることは、極《きわ》めて大事なことだと思います。

　この宇宙人たちが「地球人に最も知ってほしい」と思っていることとは、いったい何であるかというと、「過去の何億年かの人類の歴史のなかにおいて、いま、地球人という名で一つに表されている、この人類は、実は、いろいろな星から移転してきた人たちの集まりである」という事実なのです。

ニュートン（1643-1727、ユリウス暦 1642-1727）
「万有引力の法則」を発見したイギリスの科学者。「近代科学の祖」とされるが、キリスト教神学や、錬金術など神秘思想に基づく研究も行った。約2億7000万年前、カイトロンの名でオリオン座から飛来した九次元存在（p.64）でもある。

彼らは、それを知ってほしいと願っています。「その魂《たましい》の事実を、魂の歴史を、人類は忘れ去っている」ということを極めて遺憾《いかん》に思っています。

もし、地球人が、「自分たちは、かつて、いろいろな星から来た人間たちである」ということを悟《さと》ることができるならば、おそらく、地球人と宇宙人とは、手を取り合って仲良く生きていくことができるはずなのです。

彼らが、地球人を、万一《まんいつ》、軽《かろ》んじるように見えるところがあるとしたならば、それは、人類が、みずからの歴史を、わずか三千年、あるいは四千年しかないと思っていることによるでしょう。

それは、彼らにとっては、非常に悲しくもあり、おかしくもある事実なのです。地球には、長く連綿と文明・文化が続いておりましたが、わずか、この二千年、三千年のあいだしか、文明というものがなかったかのように思っている地球人を、宇宙人たちは哀《あわ》れに思っております。

COLUMN 4

ゼータ星人が明かす「星間転生《せいかんてんしょう》」の秘密

READING 宇宙人リーディング

地球は魂《たましい》を進化させる「文明実験」の場となっている

ゼータ星人　いろいろな種族の宇宙人が来て、地球に住むことによって、いろいろな文化が混ざり、一つの新しい特徴《とくちょう》を持った、地球の文明をつくろうとしているんですね。

で、そこでの魂修行《たましいしゅぎょう》が終わったときに、その星での人類生存の使命が終わり、また他の文明実験のために、魂は群れとして他の星に移動するんですね。

だから、いろいろな考え方を持った者、愛と調和を考えている者や、臆病《おくびょう》な者や、狡猾《こうかつ》な者や、それから、進歩を目指す、まあ、やや攻撃《こうげき》的な者とかが、いろいろ住んで、そして交ざって、一つの地

ゼータ星人
大マゼラン雲の中心星ゼータ星から飛来した、高度な科学技術を持つ宇宙人　⇒p.165

球の文化をつくっていく。

　そして、地球では、どういう考え方とか特徴が主流になっていくかということは、文明実験をしないかぎり分からない。ほかの星では違《ちが》うものが主流になることがあるんですが、地球では、どの考え方が主流になっていって、ほかのものと、どういうかたちでブレンドされていくかが、やはり試《ため》されている。そこで地球独自の考え方や文明・文化ができて、地球人という枠組《わくぐ》みができてきて、地球での魂経験を共有することになる。

　やがて、宇宙に出ていって、ほかの星に住み分けていき、地球で学んだことを他の星に持っていって、そこで、また新しい星の文明をつくるというようなことを繰《く》り返すわけですね。

　こういうことによって、魂の転生輪廻《てんしょうりんね》による学習効果が、この地球のみで終わらずに、いろいろな所で繰り返されているわけで、地球だけで繰り返し生まれているわけではないということが、ある意味では素晴《すば》らしいのです。

あなたがたが信じている神や仏なるものが、あなたがたが考えているレベルを超《こ》えて、遥《はる》かに巨大《きょだい》な知能と力を持って計画を実行しているということを、知るべきだと思いますね。

それが文明の面白《おもしろ》みなんです。それぞれの星で、ちょっとずつちょっとずつ違っていくんですね。

CHAPTER 3
UFO航行の原理

｜人類は百年以内にＵＦＯ技術を手に入れる

いま地球に来ているＵＦＯの技術は、それほど高いものではありません。地球の科学文明から見ても、あと百年もすれば充分《じゅうぶん》に入手できる能力です。

ただ、そのためには、超《こ》えなければならないハードルがあります。物理学者のアインシュタインは、「光の速度（光速）を超える速度はありえない」と言いましたが、そうした物理学を超えなければならないのです。

人間が肉眼で見ることができる宇宙の星は、何百光年、何千光年、何万光年、何十万光年の距離《きょり》を隔《へだ》てています。現在のスペースシップ（宇宙船）では、その距離を移動することは不可能です。

では、アインシュタインの定義を超える速度を持った乗り物を、はたして人類は開発することができるのでしょうか。

可能です。私は光の速度を超える速度を知っています。それは、異次元世界において、すなわち、四次元以降の「霊界《れいかい》」といわれる世界において、私が常に体験していることです。

2 「UFOの原理」は「タイムマシンの原理」に似ている？

四次元以降の世界においては、過去の世界を見ることも、未来の世界を見ることも可能です。タイムマシンの原理と同じように、何百年前、何千年前の時代を見ることも可能であり、また、未来を見ることも可能なのです。

これは、「霊的な速度（霊速《れいそく》）は光速を超えている」ということを意味しているのです。

霊界のなかには、地球だけで完結している部分と、地球以外の他の星や銀河と連結している部分とがあります。特に、「九次元」といわれる世界、別名「宇宙界」ともいわれる世界においては、地球霊界と、知

★霊速　光速を超える、霊の速度のこと。高次元の存在は「霊子」でできており、光よりも速い速度で移動することができる（『釈迦の本心』『黄金の法』〔共に幸福の科学出版〕参照）。

的生命体が住んでいる他の星の霊界とは、つながっています。

三次元世界において、光の速度で何万年も何百万年もかかる距離であっても、霊界を通ると、一瞬《いっしゅん》で移動することが可能です。要は、異次元空間を飛ぶ科学を開発することです。そして、それは可能なのです。

現在の物理学や天文学の限界の果てにあるもの――それは私たちが科学している霊界の科学です。この両者が合体《がったい》したとき、人類は異次元空間を旅行して、他の惑星《わくせい》に行くことが可能となるでしょう。

現在の科学技術をもってしては、月や火星に植民《しょくみん》都市をつくることをもって、人類はまだその限界としていますが、やがては異次元空間を飛んでいくことが可能となるでしょう。私はそれを予言しておきます。

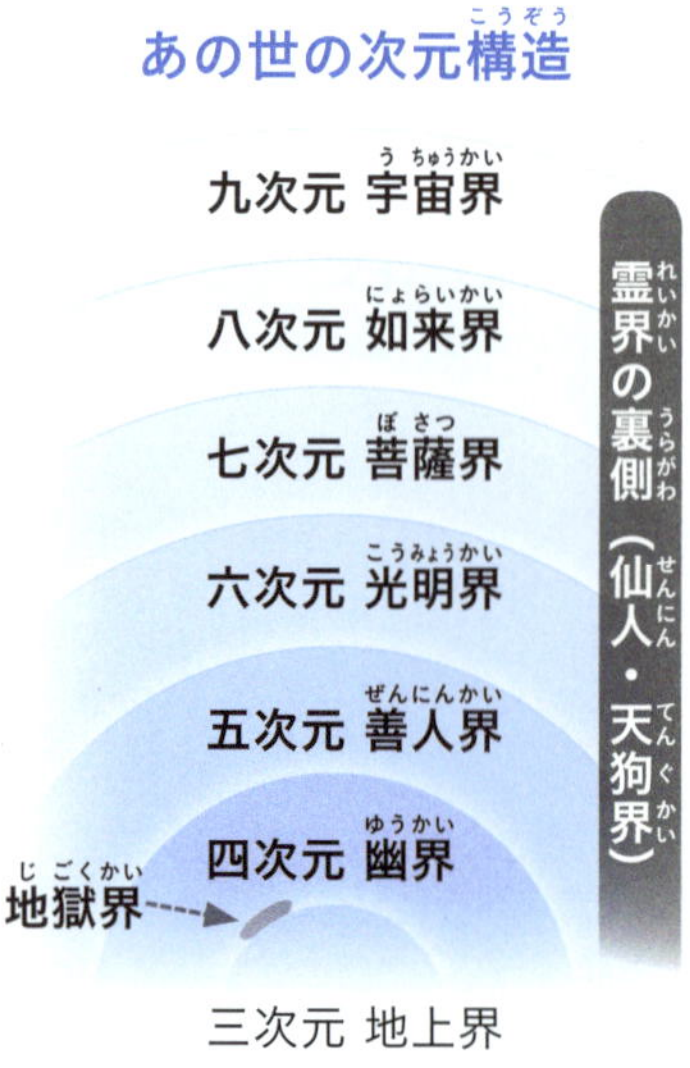

あの世（霊界）は各人の意識の高さに応じて住む世界が分かれ、地球では四次元幽界から、人霊としての最高段階である九次元宇宙界まである。地獄は、四次元のごく一部に巣食う、迷える霊の世界である。

3 突然《とつぜん》、現れたり消えたりするUFOの不思議

いろいろと伝えられているように、UFOの現れ方や動き方は、まるで幽霊《ゆうれい》のようであり、物質化したり消えたりします。現れたかと思うと、ふっと消え、まったく違《ちが》う場所に、ふっと出てきます。

UFOは、姿が現れたときにはレーダーで捉《とら》えることができますが、姿が消えると、同時にレーダーからも消えてしまいます。まことに不思議です。

実は、異星人たちは霊界ルートを知っており、霊界ルートを使って、あの世とこの世を行ったり来たりできるのです。彼らの科学技術はそのレベルまで進んでいるわけです。

地球の現代の科学技術も、実際には、それにかなり近いところまで来てはいるのですが、あの世とこの世を行ったり来たりするには、もう一段の理論的な進歩が必要です。

科学者たちの多くは、「この世のものが、この世のものでなくなる」ということを信じられずにいます。しかし、素粒子《そりゅうし》の世界まで行くと、「物質なのか物質でないものなのかが分からない」というようになってきています。

「$E = mc^2$」（エネルギー＝質量×〈光速の二乗〉）という式で表されるように、物質とエネルギーは等価変換《へんかん》できるものなのです。この式の意味は、「物質とエネルギーは等価である」ということです。

この法則を、霊界をも貫《つらぬ》いて適用すると、「霊界の光エネルギーは、この世に物質化すること、すなわち、この世に物質として現れることができ、また、消えることもできる」ということです。

霊界とこの世を貫く法則でいけば、「エネルギーが物質になり、物質がエネルギーになる」ということは、まったくそのとおりなのです。

4 なぜ、銀河の外まで一瞬《いっしゅん》で移動することができるのか

霊界においては、事実上、距離がありません。感覚としては距離を想像するのですが、具体的な距離はないのです。

そのため、霊界を通っていくと、地球から月や火星まででも、あるいは、太陽系の圏外《けんがい》や銀河の外まででも、時間的には一瞬《いっしゅん》で移動することが可能なのです。

この世では、直線的な距離が非常に長く見えたとしても、四次元以降の世界を通ると、この世的には直線に見えた距離が、違ったものになってきます。

たとえば、この世の人が、マラソンをして、四二・一九五キロの距離を直線的に移動するとします。この場合、四二・一九五キロという距離は厳然として存在し、これを変えることはできません。移動時間を縮めるには、自転車や自動車で走る、ヘリコプターで飛ぶなど、速度の

速い乗り物を使う以外にないのです。

そのため、この世では、ロケットなどをつくり、速度を上げようとして一生懸命《いっしょうけんめい》に頑張《がんば》っているわけです。

ところが、霊界科学を適用すると、直線に見えていたものの端《はし》と端とをくっつけ、丸く円環状《えんかんじょう》にすることができます。目的地を霊的に確定すれば、出発地と目的地をくっつけることができ、そうすると、一瞬で、この世的に言えば一秒で、どこにでも行けるようになるのです。

これが霊界なのです。その意味で、霊界には、この世的な三次元の空間概念《がいねん》がないのです。

そのようにして移動するために必要なことは、それを受け入れるだけの認識力と、いわばワープする技術力です。その技術は異星人から手に入れたほうが早いのではないかと思いますが、やがて、そのような、異次元空間を通り越《こ》す技術も開発されるでしょう。ワープ技術を三次元空間のみで考えて「不可能だ」とする最近の学説は間違いです。

5 異次元空間を通るとき、体はどうなっている?

宇宙船が異次元空間を通っているときには、体も一緒《いっしょ》に異次元空間を通っています。そのため、本人たちは同じ体のままでいるつもりでも、客観的に見れば、同じではなくなっているでしょう。

この世では物質化している体が、異次元空間を通っているあいだは、おそらく、光のエネルギー体に〝翻訳《ほんやく》〟されているはずです。宇宙船と同じく、なかに乗っている人間も、ただのエネルギー体のようになっているはずです。それは、言ってみれば、魂《たましい》のようなもの、あるいは、人魂《ひとだま》のようなものでしょうか。

この科学技術は、おそらく、二十一世紀中には、全面的に手に入れることはできないにしても、ある程度のところまでは解明されることでしょう。

6　アブダクションで使われる、壁《かべ》をすり抜《ぬ》ける牽引《けんいん》ビーム

いま、アメリカでは、ＵＦＯとの遭遇《そうぐう》や、ＵＦＯによる誘拐《ゆうかい》事件などが、かなりの件数に上《のぼ》っており、大きな問題になってきています。

たいていは、催眠術《さいみんじゅつ》のようなものをかけられて記憶《きおく》を取り去られているため、本人にも分からない場合が多いのですが、「鼻血が出たりするので調べてみると、鼻の粘膜《ねんまく》のなかに金属片を埋《う》め込《こ》まれている」などということがあるのです。このたぐいの事件がかなり起きています。

そういう人に退行《たいこう》催眠をかけて、過去のことを語らせてみると、「実は、ＵＦＯにさらわれたことがあり、その期間の記憶だけがなくなっている」ということが分かるわけです。

たいていの場合、「家の寝室《しんしつ》にいるときや、ハイウエーを夜中に一人で走行しているときなどに、スーッと意識が消えて、意識が戻《もど》ったときには一時間ぐらいたっている」というようなことが多いのですが、そ

のあいだに、ＵＦＯにさらわれて、体をいろいろと調べられたり、実験をされたりしているのです。女性の場合には、おなかのなかで異星人との合《あい》の子のようなものをつくる実験をされることもあるようです。

不思議なのは、連れ去られる際、壁《かべ》などの、この世の物体をまったく無視した行動が取れることです。特殊《とくしゅ》な光線を当てられると、体が浮《う》いて、窓からでも玄関《げんかん》からでも、そのまま、スーッと出ていくのです。まるで魂の体外離脱《りだつ》と同じような現象が起きています。

ＵＦＯから出ている、この牽引《けんいん》光線の性質が、いったい、どのようなものなのかについては、これから研究がなされることになると思います。

そういうことが現実に起きているのですが、技術的に差があるので、なすすべがないのです。

異星人は三次元空間と四次元空間を行き来することができるため、こちらは彼らを逮捕《たいほ》することができません。彼らは壁を通り抜《ぬ》けられるのですから、どうしようもないのです。幽霊を捕《つか》まえられないことと、まったく同じです。

このような現象は数多く起きており、二十一世紀の大きな課題になってくると思います。

地球に飛来している さまざまな UFO

「宇宙人リーディング」で明らかになった多種多様な UFO より、一部をイラスト化。

葉巻型…母船。数百人乗りのものから全長数kmの超大型船まである。

円盤型(アダムスキー型)…灰皿を上下に合わせたような形の旧式の UFO。

箱型…黒い御《み》影《かげ》石《いし》のような形。普段はインビジブル(不可視)モード。

ダイヤモンド型…クリアカットのダイヤモンドのような形状。

ピラミッド型…底からロケットのような火を噴射する。

上下二段型…二階建てで、二階と一階では回転数が異なる。

COLUMN 5

アトランティスの大導師トスが語る宇宙人のテレパシー能力

REIGEN 霊言

「宇宙人は、基本的にテレパシーで会話をする」

トス　宇宙人というのは、基本的にテレパシーで話をするので、みな、ある意味での超能力者《ちょうのうりょくしゃ》なんですね。

だから、心のなかで会話ができないようだと駄目《だめ》なのです。というのも、宇宙人は、高次元空間を通らないと普通《ふつう》は地球に来られないので、高次元存在へと移行する、そういう移行システムを持っているんですよ。彼らが、そうした次元変換《へんかん》の装置を持っているということは、魂《たましい》のレベルでも、そうした次元変換ができることを意味しているのです。

あなたがたは、この世で仏教的修行《しゅぎょう》をすることによって、神通力《じんつうりき》

トス（約1万2000年前）
アトランティス文明（p.102）の最盛期を築いた大導師。宗教家、政治家、哲学者、科学者、芸術家を一人で兼ね備えた超天才であり、エル・カンターレ（p.96）の魂の分身の一人。古代エジプトではトート神として知られ、現在はアメリカを中心に、科学の進歩やニュー・エイジ運動等に影響を与えている。

を身につけた状態のレベルに達することができるわけですが、その神通力に当たるものを、彼らはさまざまな「宇宙人的な超能力」として持っているわけですね。

それに対抗《たいこう》できる地球人は、そんなに数多くはいません。ですから、まずは、テレパシー能力がいちばん大事であり、それがなければ会話ができないのです。

この能力が強くなると、単に、「心のなかで声が聞こえて会話ができる」というレベルを超《こ》えていくようになります。力関係にもよりますが、自分のほうの力が強ければ、要するに、相手をマインドコントロールするところまで行くわけです。

たいていの場合は、宇宙人のほうが力が強いので、地球人がマインドコントロールされる方向に行くのですが、地球人でも、まれに強大な能力を持った人がいます。

こういう人の場合には、宇宙人がマインドコントロールをしようとすると、逆に宇宙人のほうがねじ伏《ふ》せられてしまいます。

★地球人が宇宙人をねじ伏せた例　⇒p.178

CHAPTER 4
なぜ、宇宙人は地球にやってくるのか？

他の星への介入《かいにゅう》を許す「宇宙憲章《けんしょう》」の例外規定

先述したように、宇宙協定というか、宇宙憲章《けんしょう》のようなものがあり、「ある星の文明に介入《かいにゅう》して、その進化に手を加えてはならない」という規定があります。

宇宙人たちは、いちおう、この規則に則《のっと》っているので、いろいろな調査に来たり、ちょっかいを出しに来たりはしても、根本的な部分への干渉《かんしょう》はできないことになっています。どの星から来ている人たちであっても、このルールは守っています。

ただし、これには例外規定があって、「その星の人々が、戦争などを起こし、みずからの手で文明を滅《ほろ》ぼすような事態になった場合には、一定の範囲《はんい》で介入してよい」という条項《じょうこう》が入っています。

実は、地球では、この条項を巡《めぐ》って、大きな動きが起きつつあるのです。

2 〝ある歴史的大事件〟以降、UFO目撃《もくげき》数が増えている

みなさんもご存じのように、一九四五年、広島《ひろしま》と長崎《ながさき》にアメリカの原爆《げんばく》が落ちて、大きなきのこ雲が立ち、それぞれ十万人以上の人が死にました。

その後、公式に報道されたものとしては、一九四七年に、「アメリカのニューメキシコ州ロズウェルでUFOが墜落《ついらく》したらしい」という、いわゆる「ロズウェル事件」がありました。

UFOがよく目撃《もくげき》されるようになったのは、この事件以降です。つまり、一九四五年に核爆弾《かくばくだん》が炸裂《さくれつ》した二年後から、UFOが頻繁《ひんぱん》に現れてくるようになったのです。

そして、一九五〇年代や六〇年代に、原爆から水爆へと研究が進んでくると、またUFOが数多く登場するようになり、「宇宙人を見た」という話がたくさん出てくるようになりました。

Roswell Daily Record

RAAF Captures Flying Saucer On Ranch in Roswell Region

Claims Army Is Stacking Courts Martial

House Passes Tax Slash by Large Margin

No Details of Flying Disk Are Revealed

Miners and Operators Sign Highest Wage Pact in History

★ロズウェル事件　1947年7月8日付「ロズウェル・デイリー・レコード」紙が「ロズウェル陸軍飛行場（RAAF）が付近の牧場から空飛ぶ円盤を回収した」と報道。その後、RAAFは「観測気球だ」と訂正したが、後年、「極秘裏に回収した」という証言が現れ、再注目された。

そのように、宇宙人は原爆投下以降に数多く姿を現しているのです。

また、人類が、ロケットで月に行き、他の惑星《わくせい》にも行こうとしているなど、地球が宇宙時代に入ったこととも相まって、ＵＦＯの出現が始まっています。

さらには、一九四八年から一九七三年まで、四次にわたる中東戦争がありましたが、その際に、「核兵器が使われるのではないか」という危機感がありましたし、米ソの冷戦時代にも、「核戦争になるのではないか。〝核の冬〟の時代が来るのではないか」と言われました。

そのころにも、ＵＦＯや宇宙人の出現がずいぶん相次ぎました。彼らは、こうして地球に介入しはじめているのです。

3 「宇宙人の魂《たましい》」が地球人の肉体を借りる「ウォーク・イン」

人類型の宇宙人は何種類か存在しますが、彼らは、人類とほとんど同じ姿をしているので、過去の文明のなかで、かなり行き来をしているだろうと思います。

また、肉体を持ったままで地球に飛来するのではなく、魂《たましい》のレベルで、霊体《れいたい》として地球に移住してきている人たちも、すでにかなりいます。

しかし、いきなり地球人の肉体に宿って生まれることは難しいので、まず、「生きている人間の肉体に霊体として宿る」というスタイルをとります。これを「ウォーク・イン」といいます。

地獄《じごく》霊が人間の肉体に入ることを「憑依《ひょうい》」と呼んでいますが、それと似たようなかたちで、「霊体としてやってきて、人間の肉体だけを借りて生活する」というスタイルがあるのです。

数多くの民族が入り乱れている所に、地方から単身で来ているような人の場合には、魂が入れ替《か》わっても誰《だれ》にも分かりません。そういう人が何か事故があって意識を失ったりしたときに、宇宙人の魂が、その人の肉体に入るのです。そのようにして、本人とは違《ちが》う魂が、他の人の肉体を借りて生活していることが、あちこちであります。

映画「光の旅人 K-PAX」
「地球から1000光年離れた惑星K-パックスから来た」と語る男と医師の心の交流を描く、ウォーク・インをモチーフにした作品。(2001年公開/サミット・エンターテインメント/ユニバーサル映画/ウォルト・ディズニー・ピクチャーズ/ユニバーサル・ピクチャーズ/日本ヘラルド映画)

宇宙人は、「人間の体のなかに入って生活をする。そして、その人が死ぬと、人間としての経験や記憶《きおく》が得られるので、それをもとにして、次に、人間として転生する計画を持ち、母胎《ぼたい》に宿って生まれてくる」ということもしているわけです。

このように、目に見えない世界で、宇宙との交流はかなり始まっているのですが、それをどう〝交通整理〟するかということは困難を極《きわ》めています。

いま人類の人口は増えていますが、その理由としては、「人間の生まれ変わりの周期が短くなり、直前の生から百年以内に生まれ変わっている人が多い」ということ以外に、宇宙から魂が来ていることや、「人間ではないものの魂が人間の肉体に宿ってきている」ということがあります。

そのように、さまざまなかたちで人口が増えつつあり、文明実験がなされているところなので、とても難しいのです。

COLUMN 6

大師マイトレーヤーが語る「宇宙人が抱《いだ》いている危機感」

REIGEN 霊言

「今、多くの宇宙人が偵察《ていさつ》、警戒《けいかい》をしています」

マイトレーヤー　地球も、米ソが対立したときから、核《かく》戦争の危機が濃厚《のうこう》になってきたため、今、宇宙から数多くの宇宙人や円盤《えんばん》が飛来して、偵察《ていさつ》、警戒《けいかい》をしています。万一、人類が核戦争を始めたときには、介入《かいにゅう》する準備が整えられているのです。

宇宙人は、あなたも知っているように、地球に数多く来ていて、種類的には「ワンダラー」と「ウォーク・イン」に区別されています。ワンダラーは、自《みずか》ら地球に来て転生《てんしょう》し、人間として生まれた宇宙人です。

ウォーク・インは、魂《たましい》として赤ん坊《ぼう》から生まれたわけではないが、

マイトレーヤー
天上界で、慈悲の具体化と仏の光のプリズム化を担当する九次元存在（p.64）。約 2 億 7000 万年前、オルゴンの名でオリオン座から地球に飛来した。神智学では、さまざまな宗教や神秘主義、オカルトの奥義を体得した大師《マスター》の一人とされる。

途中《とちゅう》から、本人の意識に入り込《こ》んだ宇宙人の魂です。これがウォーク・インです。

おそらく、今、ワンダラーが増えていると思いますが、核戦争で地球が滅《ほろ》びたら、宇宙の人たちは、肉体修行《しゅぎょう》をする星がなくなってしまうので、これをとても恐《おそ》れています。そのため、UFOやさまざまな怪《かい》現象を起こして、六十年以上、地球人に警告を示しています。

アブダクションには「実験」以外の目的もある？

マイトレーヤー　今、「アブダクション」といって、宇宙人に拉致《らち》された話が数多くありますけれども、これは〝駄目《だめ》な人〟を家畜《かちく》のように扱《あつか》っているだけではないのです。

宇宙の人から見て、「地球のキーマンになる可能性がある」と思うような人たちもアブダクションしていて、そのなかに情報チップを植え込み、円盤から監視《かんし》、操作をしています。つまり、この地球が核戦争の危機に陥《おちい》らないような活動や仕事、行動をさせるための人間として混入させている場合も一部あるので、「全部、悪だ」とは言い切れないわけです。

それから、地球人が実際に核戦争を始めたら、彼らは、本当に介入してきて、仮想敵《かそうてき》になるつもりでおります。

多少、侵略《しんりゃく》的に見えるかもしれませんが、宇宙から特定の国や都市を攻撃《こうげき》することによって、「宇宙の敵から、地球を守らなくてはならない」ということで、地球人同士の戦いが収まるように仕向けるでしょう。そうした〝悪い役者〟の仕事をする覚悟《かくご》もできています。宇宙人も、悪なる者ばかりではなく、そこまで考えて行動しているのです。

COLUMN 7

アダムスキーの霊《れい》が語る「アメリカと中国を支援《しえん》している宇宙人」

REIGEN 霊言

「米ソの冷戦」「中国の台頭」の陰《かげ》には宇宙人がいる？

アダムスキー　実は、地球の「ザ・コールド・ウォー」、アメリカとソ連の冷戦、宇宙競争の背景には、異なる種類の宇宙人の協力がアメリカとソ連に入っていて、両国が宇宙開発に励《はげ》んでいたことがあります。「協定によって、宇宙人から、一部、技術供与《きょうよ》を受け、同時に、その宇宙人の一部を保護して、生活の面倒《めんどう》を見ている」というのが本当のところです。

噂《うわさ》どおり、アメリカの「エリア・フィフティーワン」には、宇宙人が地下に数多く住んでいます。その数は約千二百人です。

そして、宇宙技術の開発に協力しています。その見返りに、宇宙人

★アダムスキー　⇒ p.32

★エリア・フィフティーワン　アメリカ・ネバダ州にあるグルーム・レイク空軍基地、通称「エリア51」のこと。(右は基地付近の航空写真。中央上の白い部分はグルーム乾燥湖) ⇒ p.52

は、地球人の生態や、さまざまな文化・思想等の研究など、地球人類の研究をやっております。

ソ連、ロシアに付いていた宇宙人と、アメリカに付いていた宇宙人は、違《ちが》う宇宙人ですが、今、中国にも、また違う宇宙人が取り付いて、指導に入ろうと狙《ねら》っているところです。中国は、宇宙に出始めて、アメリカと競争しようとしているので、中国にも、ほかの宇宙人が入り込《こ》もうとして、一生懸命《いっしょうけんめい》、売り込んでおります。

だから、「どの国が、どの宇宙人と、最も強い協定を結ぶか」ということが、その国の科学技術の発展に関係すると思われます。

オンリー（唯一《ゆいいつ》）、日本だけが、全然、駄目《だめ》です。これは、日本人が、戦後、駄目だからですね。日本人が、地球を指導し、宇宙を目指すなら、宇宙人は日本にも接触《せっしょく》してきます。

大英帝国《だいえいていこく》の繁栄《はんえい》にはレプタリアンがかかわっていた

アダムスキー　例えば、イギリスという国が、七つの海を支配し、大英帝国《だいえいていこく》をつくって、アフリカやアジアを植民地化していたとき、イギリスには、レプタリアン系のものが入っていました。

そうしたイギリスの指導者のなかで、レプタリアン系のものにウォーク・インされ、魂的に肉体を乗っ取られた人はいたと思います。大英帝国の発展の前には、フランスが発展していて、ナポレオンとか、その他、強い人も出てきましたけれども、まあ、こうした者にも、やはり、宇宙的な力は働いていたと思います。

ナポレオンなどの場合は、火星系の宇宙人が来ていたと思います。確か火星系の宇宙人です。

火星にも基地はありますが、火星には、ちょっと違った種類の宇宙人が来ております。科学技術的には進んでおりますけれども、これも、やや侵略《しんりゃく》性の強いものです。

オバマ大統領の魂《たましい》のルーツは〝青いキツネ〟？

アダムスキー　それから、今のアメリカについてですが、湾岸《わんがん》戦争やイラク戦争をやっていたブッシュ親子は、まあ、どう見ても、クリスチャンでありながら古代ユダヤ系の宗教を信じているように見えたと思います。これは、エンリルですね。エンリル系のレプタリアンが、エンリルの思惑《おもわく》をも超《こ》えて、攻撃《こうげき》性を増していたと思います。

今の民主党のオバマ大統領に入っているのは、かつてレプタリアンに滅《ほろ》ぼされたマヤ・アステカ文明のほうの神々で、これも宇宙から来たものです。こちらのほうと、もう一つ、彼の「魂《たましい》の兄弟」のなかにも、まあ、入り込んでいます。彼の、もっと古いルーツはアフリカのドゴン族です。

ドゴン族も宇宙から来たものです。宇宙からアフリカに到着《とうちゃく》して、文明をつくったもので、アフリカに文明をもたらしたものの一つです。

オバマ大統領の過去世《かこぜ》は、ドゴン族の、かつての酋長《しゅうちょう》の一人ですけれども、ドゴン族は宇宙人を崇拝《すうはい》し、UFO信仰《しんこう》をしておりまし

★エンリル　⇒ p.162

★マヤ・アステカ文明の神々　オバマ大統領の過去世は、16世紀にスペインによって滅ぼされたアステカの王、モンテスマ2世である。当時、世界各地を征服していたスペインは、レプタリアンの影響を受けていた（『2012年人類に終末は来るのか？』〔幸福の科学出版〕参照）。

た。ドゴン族のもとは、宇宙のドゴン人です。

ドゴン人は、青白い宇宙人で、「青いキツネ」と呼ばれておりました。

直立するキツネのような、青白い顔をした宇宙人が、ドゴン族のルーツの宇宙人です。この宇宙人が、アフリカで、言葉を教え、アルファベットに当たる文字を教え、さらに、天体の動きを教え、農耕を教え、そして、シャーマニズムを教えました。

西アフリカ・ドゴン族に伝わるシリウス伝説

西アフリカ・マリ共和国のドゴン族は、天文学の知識が豊富であり、「詳細な宇宙創世神話をはじめ、シリウスの連星や楕円軌道、木星の衛星や土星のリング等の話が伝わっている」とする研究論文もある（下図はドゴン族が描いたとされる絵）。

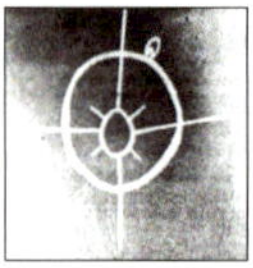

シリウスC
と惑星

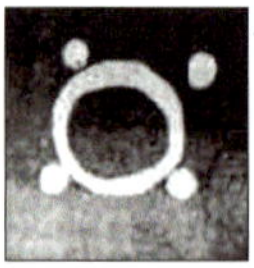

木星と
4つの衛星

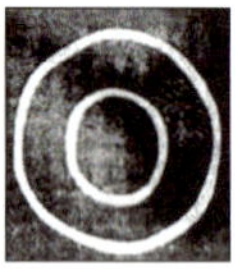

土星と
リング

「宇宙人リーディング」では、ドゴン人のルーツはシリウス系の宇宙人ということが判明しており、その姿は映画「アバター」に出てくるパンドラという星のナヴィという種族に似ているという。

映画「アバター」
（2009年公開／ライトストーム・エンターテインメント／20世紀フォックス）

ドゴンは、シャーマニズムを行い、一種の超能力《ちょうのうりょく》を持っていたので、オバマ氏も、ある意味でのマジシャン（魔術師《まじゅつし》）としての素質は持っています。それが、選挙などでの演説で多くの人の心をつかむ理由でしょうね。

ですから、今のアメリカは、「レプタリアン対ドゴン」、まあ、いわば〝トカゲ対キツネ〟の戦いをやっているというのが真相ですね。

中国とインドで「宇宙人同士の競争」が始まろうとしている

アダムスキー　宇宙人が影響《えいきょう》していることは古くからあります。

要するに、「いろいろな宇宙人が調査の目的で地球に来つつも、調査しているだけでは物足りないので、『文明の害にならなければいいのであろう』という考えの下《もと》に、一部、『実験』と称《しょう》して、特定の民族と結び付き、一時期、その進化を速めることに協力したり、部族や派閥《はばつ》の違いのところに入り込んで、宇宙の代理戦争的な競争を起こしたりすることも、数多くあった」ということですね。

戦争自体は、あまり好ましいことではありませんが、ただ、人類にとっては、発展のための総力戦に当たる部分であり、また、魂的にも、智慧《ちえ》を増し、勇気を増し、科学技術を一段と進化させるチャンスでもあるので、「地球の肉体生命を、どのように使うか」ということについては、解釈《かいしゃく》が分かれているものであります。

中国に関しては、まだ宇宙人は確定しておりませんが、中国とインドに別の宇宙人が入って、競争を始めようとしているように思えますね。

★中国に入っている宇宙人　ゼータ星人の「宇宙人リーディング」では、ビッグフット型とワニ型のレプタリアンが入り始めているとされる(p.170)。『中国「秘密軍事基地」の遠隔透視』(幸福の科学出版)では、へび座から来ている2種類の宇宙人が発見されている。

COLUMN 8

人類の始祖マヌが明かす アメリカが手に入れた「核《かく》を超《こ》える兵器」

REIGEN 霊言

アメリカは宇宙人から「核《かく》兵器を超《こ》える技術」を手に入れた？

マヌ　アメリカは、宇宙人と取り引きしていますね。明らかに秘密協定を結んでいます。

それは、ロズウェル事件（一九四七年）以降ですね。アメリカは、墜落《ついらく》したＵＦＯの回収、宇宙人の死体の回収、および、生きている宇宙人の捕獲《ほかく》をしましたが、それらを返すことの交換《こうかん》条件として、宇宙人からの技術供与《きょうよ》が始まっていますね。

空飛ぶ円盤《えんばん》は、宇宙から来たものが多いですけれども、今、アメリカでもつくっています。アメリカ空軍の秘密基地では、空飛ぶ円盤の試作機をつくって、飛ばしています。

マヌ
インド神話で「人類の始祖」と伝えられる九次元存在（p.64）。約２億 7000 万年前、アケメーネの名でオリオン座から飛来した。天上界では主に民族問題を担当し、近年では黒人解放運動やロシアの民主化を指導。魂の分身がインドにガンジーとして生まれている。

空飛ぶ円盤として、今、発見されているもののなかには、三角形のものとか、菱形《ひしがた》のものとかがありますが、こういうものは、アメリカ独自でつくっている空飛ぶ円盤ですね。

それから、ステルス戦闘機《せんとうき》等の技術にも、宇宙の人々の助言は、かなり入っています。

さらに、今、オバマ大統領は、「核《かく》兵器を放棄《ほうき》しよう」と言っているようですが、核兵器を放棄しても構わないような技術が手に入ったのです。宇宙から攻撃《こうげき》できる、次の兵器が手に入り、独自に開発できるめどが立っているのです。

核兵器の時代が終わったのです。宇宙人から技術供与を受けて、核兵器よりもっと安全に、つまり、こちらが攻撃したと気づかれずに相手を攻撃して殲滅《せんめつ》できる兵器を手に入れたのです。

現実には、アメリカは平和を目指しているのではありません。核兵器が時代遅《おく》れになるような、次の兵器が手に入ったのです。

質問者 アメリカは、絶対的なカードを手にしたということでし

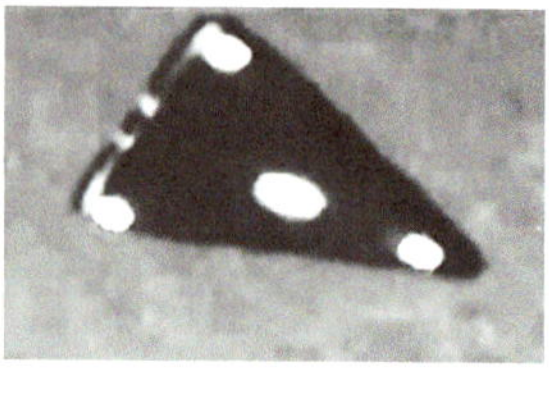

アメリカが秘密裏に開発した反重力機と推測されている TR-3B。2014 年のタリバン紛争時に、同タイプの UFO が目撃されるなど、各地に出没情報がある。(右：2011 年 7 月 21 日、フロリダ州の NASA ケネディ宇宙センターに着陸するところを撮影したもの)

ようか。

マヌ　そうです。プラズマ兵器です。

例えば、大地震《だいじしん》が起きたり、巨大《きょだい》なハリケーンが襲《おそ》ってきたり、何か気候異変が起きたりしたように見える武器なのです。

だから、今、変なことがたくさん起きているでしょう？　巨大地震が起きたり、大津波《おおつなみ》が起きたり、巨大ハリケーンが発生したりしていますが、それを地球温暖化の問題にすり替《か》えていますね。嘘《うそ》です。あれは、地球温暖化の影響《えいきょう》ではありません。今、そういう、いろいろな武器を実験しているのです。

COLUMN 9

女神《めがみ》ガイアが予言する人口百億人時代の「人類の未来」

REIGEN 霊言

他の惑星《わくせい》へ移住する時代がやってくる

ガイア　肉体の目でもっては見えないのですが、今、人間として生まれている者のなかには、本当は、多種多様な魂《たましい》が宿っています。

肉体の遺伝子と文化によって、人間教育がなされているところがあるので、このなかに、宇宙の魂や、動物からの進化霊《れい》が混じっていても、区別がつかない状況《じょうきょう》になっているわけです。

ただ、「彼らにとっても、地球人として生まれられることは、ある意味では、幸福であろう」と思うので、それはそれで、よろしいのですけれども、彼ら自身の個人の幸福が、地球の混乱や破滅《はめつ》につな

ガイア
地球神エル・カンターレ（p.96）の本体意識が、3億数千万年前、「アルファ」という名で初めて地上に下生した際、その伴侶であった女神。太古よりエル・カンターレの創造作用の一部を担い、“エル・カンターレの右手”とも称される。「地球理念」「地球霊界」の創造にも携わった。

がらないように、導かねばなりません。

　そのためには、まずは、「真実を知らしめること」が大事だろうと思うのです。

　人類が宇宙に出ていくところまで来た現代において、人口が七十億人を超《こ》えて増えていこうとしている段階において、もう、これは百億人を超えていくでしょうけれども、そうなれば、当然、地球から他の惑星《わくせい》へ分派していって、新しい植民が行われるのは時間の問題です。

　これから、地球文明から他の生存可能な惑星への移住が分割して行われていく時代がやってくると思いますが、その前において、やはり、「地球文明の浄化《じょうか》と美化」、さらには「調和の大掃除《おおそうじ》」が必要なのではないでしょうか。

地球神エル・カンターレと宇宙の関係

エル・カンターレとは、「うるわしき光の国・地球」を意味する地球の至高神である。約4億年前に地球に人類を創造して以来、他惑星から多くの宇宙人を受け入れ、人類を進化させてきた。仏教やキリスト教、イスラム教などの世界宗教を指導してきた存在でもある。

エル・カンターレは、自らの魂の分身を何度も地上に送り、人類を導いてきた。

地上に下生したエル・カンターレの分身

◆ **ラ・ムー**（約1万7000年前）
ムー帝国の大王。宗教家兼政治家としてムー文明の最盛期を築く。

◆ **トス**（約1万2000年前）
アトランティスに総合文化を築いた大導師、大指導者。

◆ **リエント・アール・クラウド**（約7000年前）
古代インカの王。現在、天上界で、宇宙人の地球移住の全権を握る。

◆ **オフェアリス**（約6500年前）
ギリシャからエジプトに遠征し、王となる。エジプト名「オシリス」。

◆ **ヘルメス**（約4300年前）
全ギリシャを統一した王。地中海に一大繁栄圏を築いた。

◆ **ゴータマ・シッダールタ**（約2600年前）
インドで人類最高の悟り（大悟）を得て、仏陀となった。

また、その中核意識は、大宇宙の創造に先立って存在する意識と同一のものであり、他の銀河や宇宙の創世にも関係している。

地球以前には、「エル・ミオーレ」の名で金星に最高度に発達した文明を築くが、火山の大爆発により、文明は終焉を迎える（異星人による侵略や核戦争が原因との説もある）。一部の金星人はプレアデスやベガに移住し、残りの金星人は地球文明の創設に参画した。

★プレアデス　⇒ p.125　　★ベガ　⇒ p.132

CHAPTER 5
古代文明と宇宙人

さまざまな宇宙人や霊人がリーディングで語った、地球の古代文明と宇宙人とのかかわり。

1 ムー文明と宇宙人戦争

ベガ星で受信したムーからのSOS

READING 宇宙人リーディング

ベガ星人　あるとき、「地球が危機的状況《じょうきょう》にある」というSOSの報告が来たのです。

「ムーという大陸が危機にさらされている。救世主が降りているけれども、このままで行けば、未来予知的には大陸がなくなるかもしれないので、もっと愛の教えなどを広げなければいけない。ラ・ムー様を助けなければいけない」と、仲間が言ってきていました。

ムーが、ほかの大陸に住む者から攻《せ》められていま

★ベガ星人　⇒p.132
★ラ・ムー　⇒p.96

ムー文明

映画「太陽の法」(2000年公開)で描かれたムー文明の様子。ピラミッドの光増幅機能を利用した太陽光発電技術が普及している。

かつて太平洋に存在した、伝説のムー大陸で栄えた文明。今から37万年前ごろに大陸が浮上し、数十万年前から人が住み始める。2万年ほど前から独自文明が栄え始め、東洋文明の源流となった。約1万7000年前、ラ・ムー大王の下で最盛期を迎えるが、およそ1万5300年前、三段階にわたる大陸の沈下によって、海中に没した。

した。そして、攻めているほうは、ほかの種類の宇宙人から技術供与《きょうよ》を受け、今の核《かく》兵器によく似た新しい兵器を開発していたので、その兵器で攻撃《こうげき》を受けたら非常に危ない状況だったのです。

ムーを攻撃《こうげき》してきた宇宙人とは?

ベガ星人　まあ、科学技術的には、地球のレベルでは多少敵《かな》わないような力が入っていました。それは、いわゆるレプタリアンの一種によるものですね。その勢力が、今のアフリカ地域のほうで非常に強くなってきていて、ムーを攻めようとしていたのです。

それで、われわれの先発隊は、「それに対抗《たいこう》しなければいけない」ということで、小型円盤《えんばん》をいつも

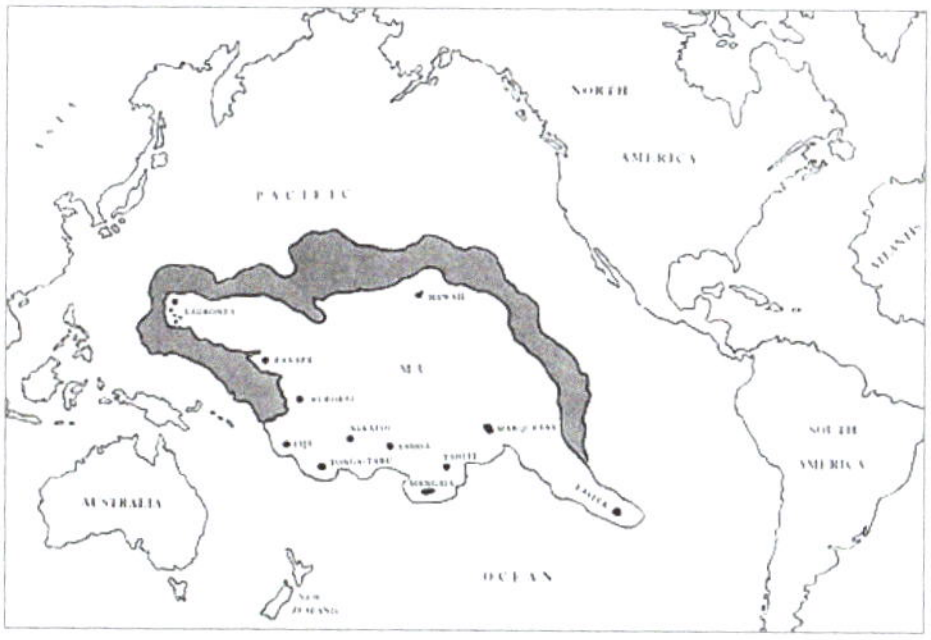

イギリス人の作家でムー大陸研究家のジェームズ・チャーチワード(1851-1936)による、ムー大陸の位置の想像図。ただし、数十万年間で大陸は何度か形を変え、東南アジアまで陸続きだった可能性がある。

参考書籍：『太陽の法』『フィリピン巨大台風の霊的真実を探る』(共に幸福の科学出版)

浮《う》かせて防衛に入っていて、「ミサイルのようなものが飛んできたら、それを撃《う》ち落とす」ということはしていたようです。

けれども、人数的に少し足りないし、「どうにかしないと、このままでは帝国《ていこく》が滅《ほろ》びるのではないか」というような状況でした。

ラ・ムー大王を支援《しえん》した宇宙人たち

ベガ星人　ラ・ムー大王は、「とにかく、ムーを一つにまとめなければいけない」ということで、やはり信仰心《しんこうしん》によってまとめようとされました。それから、「敵方には宇宙人がついているけれども、こちらにも宇宙人がついているから安心しなさい」というようなことも言っておられました。

ムーには、ピラミッドがあり、ピラミッド・パワーというものを使っていました。ピラミッドは、宇宙からエネルギーを引くためにつくられたものです。当時は、「ピラミッドのなかで、いわゆる超能力者《ちょうのうりょくしゃ》たちが瞑《めい》想《そう》、禅定《ぜんじょう》をすることにより、宇宙からエネルギーを引いてくる」というようなことが流行《はや》っていたのです。

はっきり言えば、ピラミッドのなかで「宇宙禅定」をし、味方の宇宙人を呼ぼうとしていたと言うべきかな？　まあ、そういうふうにして助けを呼んでいて、実際に助けも来ていたということです。

ラ・ムー様側についたのが、琴《こと》座《ざ》のベガ、ケンタウルスα《アルファ》、それから、有力だったのは、やはりプレアデス系の人たちです。

ピラミッドは宇宙が起源？

エジプトや中南米など、世界各地に見られるピラミッドは、実は宇宙からもたらされたことが「宇宙人リーディング」等で明らかになっている。さらに、現代の地球文明では解明されていない、さまざまな機能が秘められていることが判明してきた。

太陽エネルギーを増幅

ムー文明やアトランティス文明では、太陽エネルギーをピラミッドで増幅させ、さまざまな動力源に利用していた。

他の星との交信装置

ピラミッド内で精神統一をすることで、宇宙のエネルギーを引いたり、魂を体外離脱させて他の星と交信ができる。

有害物質を遮断

人体に有害な宇宙線を遮断。また、老化現象等の原因となるダークマターを遮断する、アンチエイジング機能がある。

宇宙のポジティブな力を集める

生成発展の力を集中させることで、失った人体の再生や機能の回復ができる。

タイムマシン機能

24時間以内であれば、時間を巻き戻して、死者を蘇生させることができる。

移動手段

ピラミッド型の宇宙船など、惑星間移動に使用される。

参考書籍：『トス神降臨・インタビュー アトランティス文明・ピラミッドパワーの秘密を探る』（幸福の科学出版）

2 アトランティス文明と宇宙人技術

REIGEN 霊言

宇宙人との技術共同開発

トス 今、二十世紀から二十一世紀にかけて、非常に文明度が高まり、宇宙時代に入ろうとし始めていますけれども、当時（約一万二千年前）のアトランティスも、ある意味で、宇宙時代に手が届こうとしていた時代であったんですね。

あなたがたも、さまざまな宇宙人が飛来《ひらい》しているという話を聞いているでしょうが、当時も、そうした者たちが来ておりました。

当時、宇宙に出て行くシステムを宇宙人と共同開

★トス ⇒p.73、p.96

アトランティス文明

映画「太陽の法」（2000年公開）で描かれたアトランティスの都市。生命エネルギーやピラミッド・パワーが実用化されていた。

大西洋の伝説の大陸アトランティスで栄えた文明。今から7万5000年ほど前に大陸が浮上。約4万2000年前から人が住み始め、1万6000年前ごろから文明のきざしが見える。約1万2000年前、全智全能の大導師トスの下で最盛期を迎えるが、その後は大陸が沈み始め、3分の1になった陸地も、約1万400年前に一昼夜にして海中に没した。

発するところまで、実際は行っていたのです。

すでに原爆《げんばく》や水爆に当たる兵器があった

トス　また、原爆《げんばく》や水爆の原理のようなものも、すでにありました。

それは、ずばり、今の原爆や水爆と同じものではないのですが、物質をエネルギーに転換《てんかん》する装置と極《きわ》めて関係のあるやり方で、ある物質が違《ちが》う物質に変換されるときに出る膨大《ぼうだい》なエネルギーを利用した兵器であったと思われます。そういう兵器には、相手国の小さな都市や、島の一つぐらいは消滅《しょうめつ》させてしまうほどの力があったのです。

さらに、空中から攻撃《こうげき》するというやり方も、当然ありました。

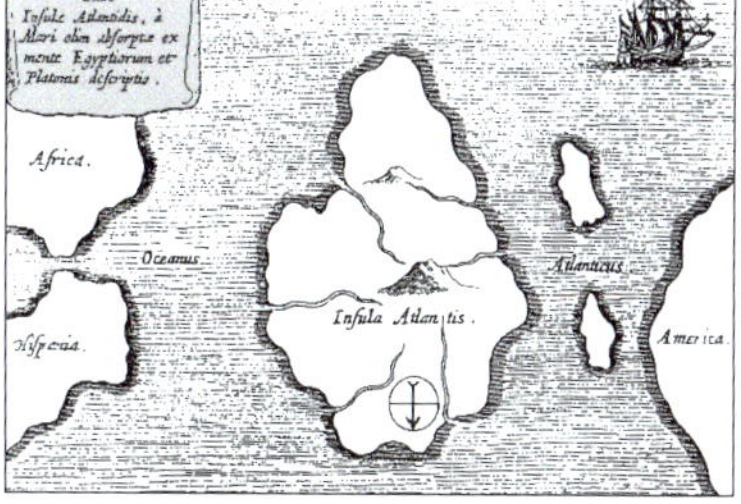

大西洋のバミューダ海域にあったとされるアトランティス大陸の位置や都の様子は、古代ギリシャの哲学者プラトンの著作に記されている。19世紀後半に「謎の大陸」として一大ブームとなり、「ムー大陸伝説」とともに、多くの研究を生んだ。左は、1699年にアムステルダムで出版された、キルヒャーによる地図。南が上のため、右側がアメリカで、左側がアフリカ。

参考書籍：『太陽の法』『アトランティス文明の真相』（共に幸福の科学出版）

幸福の科学では、「アトランティスには、飛行船や、シャチのような形の潜水艦《せんすいかん》があった」ということが説かれていますけれども、実際は、それだけではなく、もう少し進んだものまで持っていたということです。ある意味で、宇宙文明との融合《ゆうごう》に近いものはあったのではないかと思います。

ピラミッド・パワーをはじめとする、さまざまなエネルギー技術

トス　それから、これはアトランティスだけのものではありませんが、ピラミッド・パワーというものがありました。

これも、現代人の誰《だれ》かが開発しなければいけないと思いますが、ピラミッド・パワーの本質は、実は、宇宙のエネルギーを集結させる力なんですね。

あと、もう一つは、空飛ぶ円盤《えんばん》の原理そのものですが、反重力装置のようなものの研究開発も行われていました。

それと、もう一つ、生命エネルギーの転換というものが、現代では、十

分になされていません。

宇宙からこの地球に来たときに、何がいちばん不思議かと言えば、やはり、植物の種が生長して、花になったり、立派な木になったり、あるいは、籾《もみ》が生長して穀物《こくもつ》になったりしていくことです。この「変化して生長していくエネルギー」を一種の動力源として取り出すことに成功したわけです。

そのように、アトランティスでは、いろいろなものからエネルギーを取り出すことができており、今、世界が目指している「グリーンエネルギー」あるいは「クリーンエネルギー」的な原理の研究は、そうとう進んでいたということですね。

現在の人類とは異なる「アトランティス種」とは？

トス　また、アトランティスの時代には、現代の人種とは違う種類のものが数種類は住んでいました。そのアトランティス種は、文明が滅《めっ》亡《ぼう》してからいなくなってしまいましたが、そのなかには、身長が三メートルを超《こ》えるタイタン、つまり巨人族《きょじん》もいました。

そうしたアトランティスの神話は、エジプトやギリシャのほうに流れていって、神話の一部として遺《のこ》っています。

それから、宇宙からやって来て、地球に適合する肉体をいろいろと模索《もさく》している者もいました。

例えば、人間だけれども、「尻尾《しっぽ》を引きずっている存在」などもいました。「現実にはいましたが、人間だけれども、「耳が非常にとがっていて、今の人間のような耳の形になっていない者」や、「首の一部にえら呼吸をする器官が残っている者」などもいましたよ。いわゆる半魚人《はんぎょじん》ですね。

彼らは、オアンネス（Oannes）と呼ばれていましたが、半人半魚で、えらのある人間です。彼らは、元は、昴《すばる》、すなわちプレアデスから来た者ですね。

巨人族の伝説は、欧州や南米等、世界各地に遺っている。例えば、ギリシャ神話にはタイタンという巨神族が登場する。ガイアが生んだタイタン十二神にはゼウスの父クロノスがいるが、のちに「ティタノマキア」といわれる十年戦争でゼウス率いるオリンポス十二神に倒されたとされている。（右：北欧神話に伝わる伝説の国・ヨトゥンヘイムの巨人族）

このアトランティスの時代にいた半魚人は、海に住めるため、アトランティス滅亡後も、もう少し生き延びて、古代シュメールの時代までは存在が確認されています。あるいは、現代でも、一部にはまだ住んでいるのではないかとも言われています。

そのように、いろいろな種類の人類がありえたということですが、結局、地球での生存に適した体を持つものが繁栄《はんえい》していき、地球での生存に適さない種族が、しだいに数を減らしていったというのが真相です。

半人半魚のオアンネスも、一種の神として崇《あが》められた時代はあったのです。そういう伝説は、古代シュメールにもありますが、中南米にもあるはずです。ビラコチャでしたか？　確かチチカカ湖のほうに現れた神様というのがいたと思います。

こうしたものが、人魚伝説になったり、竜宮《りゅうぐう》伝説になったりして、今も残っているのではないかと思われますね。

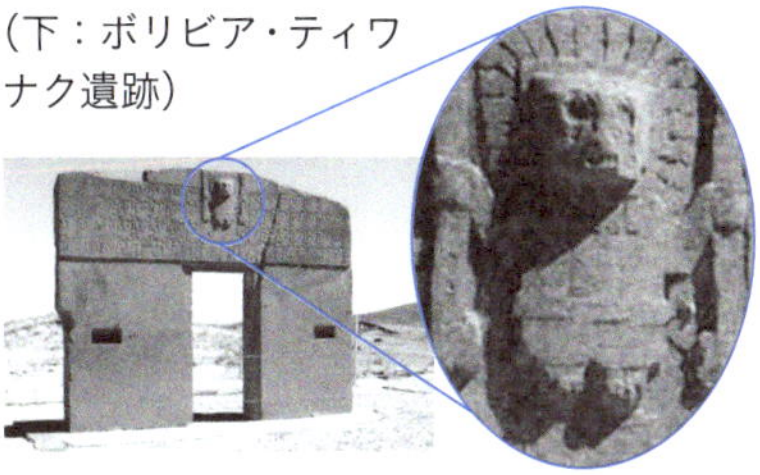

インカ文明を創造した神とされるビラコチャ（下：ボリビア・ティワナク遺跡）

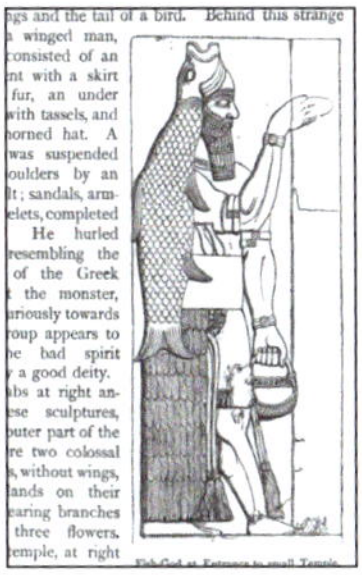

半人半魚のオアンネスは、シュメールに高度な文明をもたらしたと伝えられている。

READING
宇宙人
リーディング

3 古代インカ文明と宇宙人の侵略《しんりゃく》

古代インカ時代に飛来したプレアデス星人

質問者　あなたは、いつごろ（地球に）来られたのでしょうか。

プレアデス星人　私は、そんなに古くないのです。今から、そうですね、ちょうど七千年ほど前になります。古代インカのリエント・アール・クラウド王がおられたころですね。

　そのころ、悪い宇宙人が来ていたのですが、私は、いちおう、「よい宇宙人」として、悪い宇宙人たちから地球を護《まも》り、彼らを追い返しました。その後、

★リエント・アール・クラウド　⇒p.96

古代インカ文明

ペルーとボリビアの国境に位置するチチカカ湖。リエント・アール・クラウド王の宮殿はチチカカ湖周辺にあり、農耕中心の文化を築いたという。

南米大陸で、ムーの子孫とアトランティスの子孫が築いた文明。宇宙人を神として敬い、宇宙人との交信を文明の核に据えていた。アンデス山中に、宇宙人の離着陸基地までつくり、宇宙人に支配されかかっていたが、今から7000年ほど前、リエント・アール・クラウド王が「宇宙人は神ではない」として危機を救い、心の教えによって人々を教え導いた。

地球がとっても好きになったのです。

当時、今のアンデス山脈に当たりますけれども、標高四千メートルぐらいの高地に王国があって、リエント・アール・クラウド王が治めておられました。

そのとき、宇宙人がかなり飛来していまして、それを信仰する一派が出てきていたのですが、クラウド王は、「あの宇宙人たちは、あまりよい宇宙人ではないし、神ではないので、その信仰をやめなさい」と言っていました。そのため、国のなかで対立が少し起きていたのです。

それは、映画「太陽の法」（二〇〇〇年公開）でも描かれていたと思います。

あの映画では、クラウド王が気球を飛ばし、「われわれも気球を空に飛ばすことができる。空を飛ぶ

アンデス地方には、紀元前3世紀ごろから紀元9世紀ごろにつくられたとされる「ナスカの地上絵」（右上）や、15世紀のインカ帝国跡である「マチュ・ピチュ」（右下）など、多くの遺跡が遺されている。

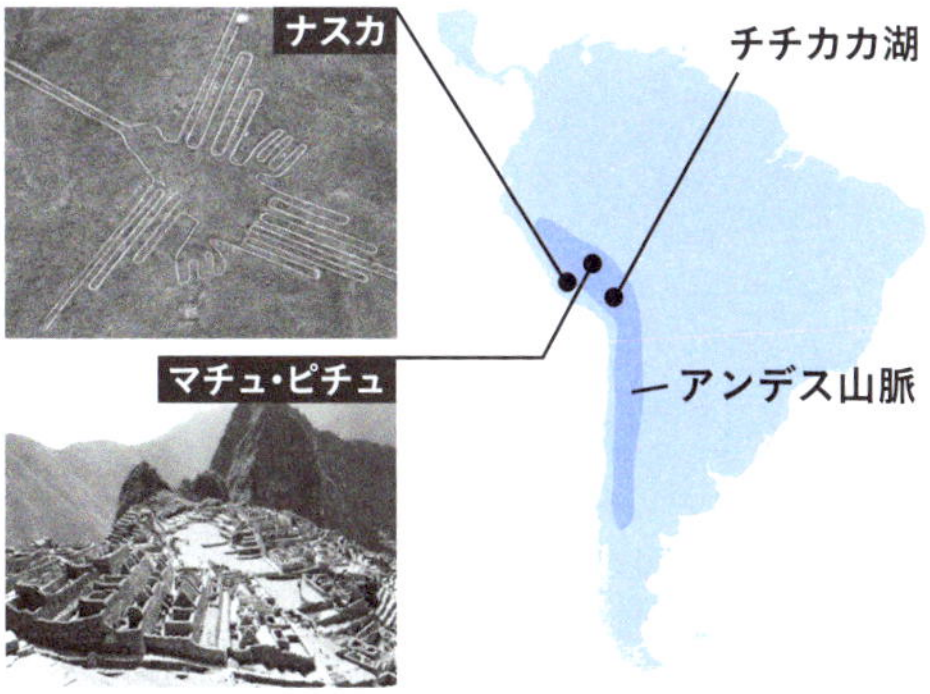

参考書籍：『太陽の法』『ユートピア創造論』（共に幸福の科学出版）

ことでもって、彼らを神として崇めてはならない」と言っていたと思うのですが、実は、それだけではないのです。

結局、悪い宇宙人の宇宙船は逃《に》げ出していますけれど、あの映画に出てこなかった「よい宇宙人」がいて、実はクラウド王に協力したんですね。

その「よい宇宙人」は、実は、クラウド王とつながりがあって、クラウド王と交信していたのです。そして、地上に下り、クラウド王たちと実際に会い、友達になって話をしたりしました。

古代インカ文明を攻撃《こうげき》した宇宙人とは？

質問者　そのときの相手は、どの宇宙人だったのでしょうか。

プレアデス星人　レプタリアン系のなかでも、トカゲ型のレプタリアンなのです。これは、本当に人でも食べてしまうタイプですね。

彼らはニビル星や月から来ています。しかし、ニビルも彼らの母星で

映画「太陽の法」(2000年公開)より、リエント・アール・クラウド王が気球を飛ばすシーン。

はありません。「織姫《おりひめ》」と「彦星《ひこぼし》」のうち、織姫がベガで、彦星がアルタイルだと思いますが、たぶん、その彦星の伴星《ばんせい》から来ています。

それはトカゲ型宇宙人で、非常に獰猛《どうもう》です。爆弾《ばくだん》を落としたりすることが、すっごく好きなタイプの人たちは、間《ま》違《ちが》いなく、それです。ですから、ブッシュ前大統領などは、（魂《たましい》のルーツは）この種類の宇宙人です。

★ニビル星　人類未発見の太陽系の惑星として、宇宙考古学者ゼカリア・シッチン（p.130）らが存在を主張した惑星。太陽の周りを約3600年周期の楕円軌道で公転しているとされる。

★2011年6月30日に行われたリーディング「女性の霊的使命を求めて」では、リエント・アール・クラウド王と交流していた宇宙人は、ケンタウルス座α星人とベガ星人が主流であり、プレアデス星人は不時着に近いかたちでやってきたこと、また、敵対する宇宙人は、ケンタウルス座のなかにあるゼータ星（p.160）の前線基地からも来ていたことが判明している。

4　古代日本とUFO・宇宙人のつながり

ムー帝国が海中に没《ぼっ》したあと、その文化を継承《けいしょう》させるべく、アジアの地のいろいろなところが開拓《かいたく》されているのですが、ムーの流れが今いちばん強く結集して出ているのは、この日本という国でしょう。これが、日本の文明の高さの理由です。

奈良《なら》時代以前の古代に関しては、埴輪《はにわ》と古墳《こふん》以外は何もないと思っている人も多いかもしれませんが、「実際は、高度な文化があった」ということを、いずれ何らかのかたちで証明できるのではないかと思っています。古代には、そうとう優《すぐ》れた神々が来ているのです。

例えば、天照大神《あまてらすおおみかみ》に関する話のなかでも、「天磐船《あめのいわふね》が降りてきた」という、実に興味深い記述が文書に出てきます。これは、「ＵＦＯ」と見てもいいような不思議な書き方で、当会のように、「宇宙人リーディン

★ムー帝国　⇒p.98

グ」をしていると非常に興味をそそられますが、「かつての日本では、宇宙との交流をしていた時期もあったのではないか」と思われる面があるわけです。そうした「ミステリー」を考えると、いろいろと出てきそうで、実に面白《おもしろ》いところがあると思います。

私は、未知なるものや疑いを持たれているものを、一つひとつ蓋《ふた》を開けて調べていくことこそ、「科学」だと思っています。

山本七平《やまもとしちへい》の霊《れい》が語る「天鳥船《あめのとりふね》・天磐船《あめのいわふね》」UFO説

REIGEN 霊言

山本七平　古代文書《もんじょ》を見たら、宇宙との交流もあったかのような、宇宙人みたいな天使や神様、宇宙船みたいなものなどがたくさん出てくるんだよ。

実は、日本も同じなんだよなあ。高天原《たかまがはら》のなかの高千穂峰《たかちほのみね》のほうに「天《あめの》鳥船神《とりふねのかみ》」というのが降りて、それで、神武《じんむ》さんのいた、いわゆる日本発《はっ》祥《しょう》の地のほうの、もとの大和《やまと》の国のほうに、「天磐船神《あめのいわふねのかみ》」というのが降り

山本七平（1921 〜 1991）
山本書店店主。評論家。1970 年、「イザヤ・ベンダサン著、山本七平訳」として発刊した『日本人とユダヤ人』がベストセラーとなる。また、日本社会や日本人の行動様式を「空気」等の概念を用いて分析。その業績は「山本学」と呼ばれる。

た。空から南九州と奈良に降りた神の名が違う。天鳥船神と天磐船神。

奈良には、何か、装甲車《そうこうしゃ》みたいな、装甲で覆《おお》われた岩石の塊《かたまり》のような、ごっつい宇宙船を思わせる神が降りたらしい。宮崎《みやざき》に降りた神様のほうは、まあ、ジェット機かヘリコプターか知らんが、何か、羽のついた乗り物の神様が降りたらしい。『古事《こじ》記《き》』を読めば、どうも違うらしい宇宙船が出てくるわなあ。

このように、日本の『古事記』や『日本《にほん》書紀《しょき》』を読んでも、やはり、「宇宙とも交流があったらしい」というのが出てくる。

「記紀」に伝わる天鳥船《あめのとりふね》・天磐船《あめのいわふね》伝説

「記紀」の神代部分には、天鳥船や天磐船についての記述が見られる。（右：『日本書紀』）

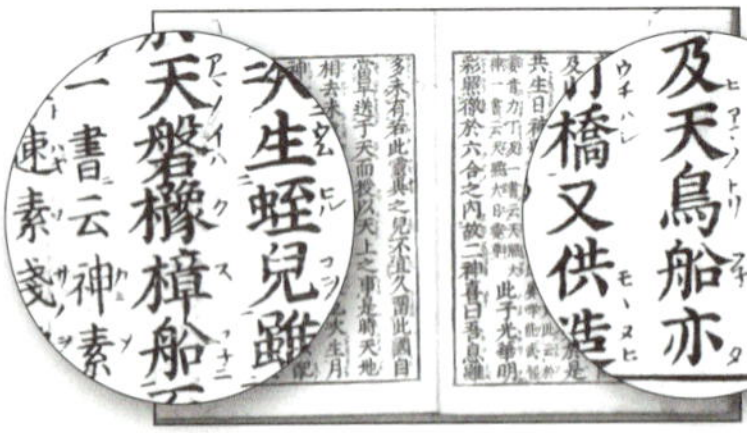

『日本書紀』によると、天照大神から神宝を授かった饒《にぎ》速日命《はやひのみこと》が天磐船で河内国《かわちのくに》（大阪府交野《かたの》市）に降り、その後、大和国（奈良県）に移る。天磐船が降りたとされる場所には磐船神社が建立され、拝殿の奥に御神体として巨石が祀られている。

REIGEN
霊言

アダムスキーの霊が語る「神話のなかのUFO」

アダムスキー 『古事記』『日本書紀』には天鳥船というものが現れているそうですが、これもUFOでしょう。古代日本にもUFOは下りており、宇宙人の指導もあったと聞いております。

ですから、古代における、さまざまな鬼《おに》や怪物《かいぶつ》等の伝説にも、宇宙人の変化形は、かなりあるのではないかと思われます。

「空を飛んでいた神がいた」ということですね。

インドの『マハーバーラタ』には、宇宙船に乗って、空から地上の戦争を眺《なが》めているシーン、地上で核戦争をやっているシーンが出てきます。これは、かなり昔の話ですね。少なくとも一万年以上昔の話ですが、宇宙船に乗って、核戦争をやっているのを見ていた人たちの記述が、その叙事詩《じょじし》に出ておりますので、宇宙とこの世のかかわりは、とても深いものがあります。

★アダムスキー ⇒p.38
★古代インドの叙事詩『マハーバーラタ』には、空飛ぶ乗り物「ヴィマナ」や、太陽よりも明るい光を放ち、都市や戦車を焼き尽くす熱と炎、爆風等をもたらす兵器が登場する。生き残った者も髪や爪が剝がれ落ち、食物も汚染されるなど、核兵器の被害に似た特徴が記されている。

REIGEN
霊言

神武《じんむ》天皇が語る「秀真《ほつま》文字」のルーツ

神武天皇　今は日本の太平洋側が強いけれども、太平洋側に来たのが主力部隊で、それは、みんなムーの末裔《まつえい》だ。だから、「ムーの再興《さいこう》」を託《たく》されたのが、この日本という国なんだ。

古代には、ヨーロッパのほうにも文明があったし、インド文明も栄《さか》えたけれども、日本文明も栄えていた。

「日本は漢字をもらったから中国の一部だ」というような言い方を、英語民族はしやすいんだけれども、漢字が入る前から、日本には、ちゃんと言葉があったんだよ。日本語があり、日本の文字もあった。日本にも、古代文字は、ちゃんとあるんだ。これはねえ、宇宙人に教えてもらっているのよ。宇宙人から教わった古代文字があるんだよ。

それは秀真《ほつま》文字なんだけれども、今、それを見れば、古代のエジプトやイラクの文字に極めて似ていることが分かると思う。それらの文字は

神武天皇
日本の初代天皇。即位前の名は神日本磐余彦命《かむやまといわれひこのみこと》。天照大神《あまてらすおおみかみ》の子孫であり、九州の高千穂峰から東征《とうせい》し、大和国の橿原宮《かしはらのみや》で即位したとされる。

一万年から六千年ぐらい前の文字であり、宇宙から来た人が教えた文字だけれども、秀真文字は、それらと極めて似ている。実は、古代の日本には漢字より前に秀真文字があって、大和《やまと》言葉はすでにあったんだ。

秀真《ほつま》文字とは？

秀真文字とは、漢字伝来以前の古代日本で使用されていたとされる「神代《じんだい》文字」の一種「ヲシテ」のこと。ヲシテが使われている『ホツマツタヱ（秀真伝）』は「記紀」以前の成立ともいわれ、五七調の長歌体で天地創造神話が記されている。下左は、天の部「あわうた」の一部。

ヲシテは、漢字とはまったく別起源の日本独自の文字と考えられている。表意文字である漢字と、表音文字である仮名の特徴を併せ持つ点は、象形文字でありながら表音文字としても使われるエジプトのヒエログリフ（下）に似ているという指摘もある。

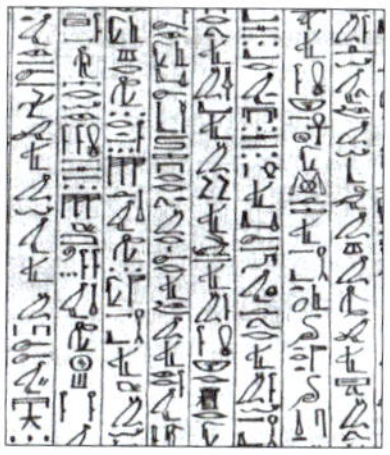

『ホツマツタヱ』天の巻 4 には、すべての意識のもとであり、大宇宙の根源に当たる創造主としての「天《あめの》御《み》祖神《おやがみ》」について記されている。天御祖神はエル・カンターレ（p.96）に相当し、この存在により、日本神道にも、世界宗教に匹敵する普遍性があることがうかがえる。

COLUMN 10

「かぐや姫《ひめ》」は宇宙人だった？

私には、日本の古典である『竹取物語《たけとり》』の「かぐや姫《ひめ》」の話が、宇宙人伝説に見えてしかたがありません。

『竹取物語』は次のような内容です。

あるおじいさんが竹藪《たけやぶ》の中で竹を取っていると、筒《つつ》の中から光の出ている竹があり、その中に、身長が十センチぐらいの、かわいらしい女の子が座《すわ》っていました。

家に連れ帰って育てると、その子は、しだいに大きくなり、三カ月後には大人の背丈《せたけ》になりました。この女性は実に美しく、お姫様のようであり、「かぐや姫」と名付けられました。

しかし、あるとき、このかぐや姫は、「次の満月の夜が来たら、私は月の世界に帰らなければなりません。月の世界から使者が迎《むか》えに来るでしょう」と告げたのです。そして、実際に月からの使者はやってきました。「竹取物語絵巻《えまき》」には、光る雲に乗って牛車《ぎっしゃ》が迎えに来ている場面が描《えが》かれています。

このとき、かぐや姫を護《まも》るために配備されていた兵士たちは、家の屋根の上で弓を取り、矢をつがえようとするのですが、体がしびれて動けなくなってしまいます。

これは、現在よく起きている、宇宙人による「アブダクション（誘拐《ゆうかい》）」とよく似ています。宇宙人に拉致《らち》されている間は、体が本当に動かなくなるらしいのです。「何かをしようとしても、体が停止状態になって動かなくなり、宇宙人たちの好きなようにされてしまう」という現象が起きているので、『竹取物語』には、実際にあった話がかなり混ざっているのではないかと思われます。

それから、「かぐや姫は、当初、小人《こびと》か、とても小さい子供のよ

かぐや姫が月に帰るシーン（土佐広通《ひろみち》・土佐広澄画）

うだったのに、やがて地球人の大人の大人のサイズになった」ということも、かぐや姫が宇宙人なのであれば、ありうることです。

例えば、ベガ星人は「宇宙人リーディング」によく出てきていますが、ベガ星人たちの話を聴《き》くと、自分の姿をいくらでも変化させられるようです。

また、私の子供時代には、私の生誕地である徳島《とくしま》県の隣《となり》の高知《こうち》県あたりでは、三十センチぐらいの小型のＵＦＯが田園地帯で数多く目撃《もくげき》されたことがあり、写真も数多く撮《と》られました。

そのような小型円盤《えんばん》で宇宙人が来ているとしたら、その中に乗っている人は、ものすごく小さい、本当に小人のような宇宙人でしょう。そういう小さな宇宙人も存在しうるのかもしれません。

浦島《うらしま》太《た》郎《ろう》が行った「竜宮城《りゅうぐうじょう》」は
宇宙の他の星だった？

浦島太郎伝説にも宇宙が関係している可能性がある。日本神道の女神である豊玉姫《とよたまひめ》は、霊言で、浦島太郎について次のように語っている。

豊玉姫　どちらかというと、「宇宙人にさらわれた」というほうが、お話としては分かりやすいのではないですかねえ。
「竜宮城で三年過ごしたら、地上では三百年たっていた」というような話は、おそらく、「他の星に行っていた」ということなんじゃないでしょうか。記憶をつくられたのではないかと思うんです。だから、今で言う、いわゆる、「アブダクション（誘拐）」が、昔にも起きたことがあったんだけど、実際に帰ってきたんだと思うんですよ。

――『竜宮界の秘密』（幸福の科学出版）より

また、「丹後国風土記《たんごのくにふどき》」には、「浦嶼子《うらのしまこ》という青年が亀姫という美しい姫に連れられて『天上仙家《てんじょうせんか》』へ行き、そこで昴《すばる》星《ぼし》という名の７人の子供と、畢星《あめふりぼし》という名の８人の子供に出会った」という伝承が遺されている。「昴星」はおうし座のプレアデス星団、「畢星」は同じくおうし座のヒアデス星団のことであり、「浦島太郎は他の星に行っていた」という豊玉姫の霊言とも符合《ふごう》する。

CHAPTER 6

地球に飛来している宇宙人たち

本章では、数多くの宇宙人のなかから、
2015年10月10日公開の映画「UFO学園の秘密」に登場する5種類の宇宙人を紹介。

はるか昔から地球に来ていた宇宙人

『宇宙人との対話』（幸福の科学出版刊）には、「プレアデス星人」「ウンモ星人」「レプタリアン」「ベガ星人」「金星人」「ケンタウルス座α《アルファ》星人」が登場しています。いろいろな宇宙人が出てきており、驚《おどろ》きではあります。

「最近、地球は宇宙時代になり、ロケットが宇宙に行くようになって、宇宙人との遭遇《そうぐう》が始まった」と思われがちなのですが、実は、そうではなく、「すでに、とっくの昔から、宇宙人は地球に来ていた。魂《たましい》として人間の肉体に宿り、地球に住んでいた」ということが分かってきました。

I　プレアデス星人

プレアデス星団
おうし座にある散開星団。120 個ほどの青白く輝く高温の恒星からなる。地球からの距離は約 400 光年。「昴《すばる》」の名でも知られる。

プレアデス星人
プレアデス星団に文明を築く人類型宇宙人。地球にも数多く飛来しており、約 1000 年後の集団移住も計画されているという。「魔法」や「ヒーリングパワー」が使える。

魂のルーツとしてプレアデスに縁があるとされるのは…
マリー・アントワネット、ナイチンゲール、マグダラのマリア、アポロン、アフロディーテ、エリザベス・テイラー、W・ディズニー 、沖田総司《おきたそうじ》、綾瀬はるか などプレアデスの教えには「美」「愛」「調和」が入っており、一部、「発展」も入っているようです。プレアデスは、それらのものを象徴《しょうちょう》しており、当会が教えの中で強調しているものがかなり入っています。

READING
宇宙人
リーディング

プレアデス星人の特徴《とくちょう》① 外見

プレアデス星人 背の高さは、だいたい二種類ぐらいです。男性の場合、高いほうの人は百八十から百九十ぐらいで、低いほうの人は百七十前後です。種類によって少し大きさに違《ちが》いがあります。女性も、百七十を超《こ》えるタイプの女性と、百六十ぐらいまでの女性とがいます。

一般的《いっぱん》、全体的に見れば、地球の欧米《おうべい》人の体格にやや近いとは思いますけれども、それよりは少し細い感じがしますね。欧米の人たちは、やや横に広がっていますが、われわれは、そんなに横に広がってはいなくて、もう少しスマートです。ダイエットの思想は、しっかりしています。

それと、外見ですけれども、普段《ふだん》はコスチュームを着ていますから、あまり見えないと思いますが、肌《はだ》が見えた場合には、後光《ごこう》のように、うっすらと光が出ているように見えることがあります。われわれは、地肌が、少し、うっすらとオーラが出ているような感じに輝《かがや》いて見えるのです。

外見上は、そのような感じですが、もちろん、人間が持っている機能は一通《ひととお》り持っています。

プレアデス星人の特徴② UFO

プレアデス星人　われわれの星の宇宙船の特徴はというと、葉巻《はまき》型の母船があって、それから中型船と小型船が出てくるのですが、中型船は、ちょっとした潜水艦《せんすいかん》風の大きさぐらいのものですけれども、小型船になると、いわゆる円盤《えんばん》ですね。

でも、われわれの円盤は、ウンモ星人の円盤のような、中古の感じの円盤ではなく、もう少し、近代的で、かっこいい、スタイルのよい円盤で、ちょうど、ダイヤモンドがクリアにカットされたような、きれいな

★ウンモ星人 ⇒p.141

感じの円盤です。もちろん、回転はしていますが、下から、あんな、みっともない、何というのかな、〝足〟が出ていない……。車のようなものが出ていなくて、あんなにみっともなくないのです。

かっこよく、そのまま垂直離着陸《りちゃくりく》をします。

プレアデス星人の特徴③　精神性

プレアデス星人　プレアデス星人は、いつもいつも、美しい世界をありありと描いています。相手に対しても、美しいものを求めています。

「美しい姿とは何か」というと、「今世《こんぜ》、主から戴《いただ》いた使命、人生を、不《ふ》惜身命《しゃくしんみょう》で生きる。この個性を、必ずや美しい花として輝かせるのだ」という、主への信仰《しんこう》です。その信仰によって、主の光が、われわれのプリズムを照らし、虹《にじ》のごとく美しい色として世界を照らしているので、星が美しいのです。

星を愛する気持ちがなければ、愛すべき星にはなりません。

地球人は、今、地上に降りていますけれども、ネガティブな想念が具現化すると、地球は、もう本当に汚《きたな》くなるんですよね。

そうではなくて、「われわれ自身の心に、地球を美しい星として描けば、それは必ず実現する。それは、一人ひとりの心が美しくなっていくからなのだ」という、主から戴いた仏法真理《ぶっぽうしんり》を、まず自《みずか》らが体現《たいげん》し、この星を愛するべきです。「愛の星・地球」というものをありありと描かなければ、それは実現しません。

未来は暗いか明るいか。人類に未来はあるのかないのか。そんなことは関係ないんですよ。「われわれの心に描いているものが、実現していく」ということなのです。

COLUMN 11

宇宙考古学者ゼカリア・シッチンは元宇宙人？

REIGEN 霊言

シッチン守護霊　私はプレアデスから来ました。プレアデスから来ている宇宙人と、この二種来ている宇宙人と、琴座《ことざ》のベガから来ている宇宙人と、この二種類がいちばん進化していて、最先端《さいせんたん》ですね。

レプタリアンがいちばん賢《かしこ》いなんてのは嘘《うそ》です。これは嘘です。宇宙人全体から見れば、プレアデス系の宇宙人や琴座系の宇宙人、それから、ケンタウルスのほうから来ている宇宙人等、こうした者たちには、まあ、けっこう、エル・カンターレ系の霊団《れいだん》に寄与《きよ》している、協力的な人たちが多いですね。

精神的な価値に非常に目覚めていて、科学技術と精神的なものの融合《ゆうごう》をよく理解していますね。地球が、科学的にはまだ未熟だけれ

ゼカリア・シッチン（1922-2010）
言語学、考古学の研究者。シュメール語文献を解読し、人類の起源と宇宙人の関係を研究。太陽系の未発見の惑星・ニビル星やニビル星人の存在を主張した。

ども、霊的には、かなり成熟してきていることを十分に理解していて、地球を、科学的にますます発展させると同時に、霊的にも成熟させようと努力している人たちです。

質問者　シッチン氏は、過去《かこ》世《ぜ》でも、重要な役割を担《にな》ってきたのでしょうか。

シッチン守護霊　あなたがたには、『聖書《せいしょ》』の知識は、そんなにはないかもしれませんけれども、『旧約聖書』で言えば、エゼキエルという名前で呼ばれたこともあります。

約6000年前の古代シュメールの円筒印章の印影（拡大）を持つゼカリア・シッチン。

★エゼキエル（紀元前6世紀頃）
古代ユダヤの預言者。不思議な生き物に引かれる四輪の乗り物に乗った神の姿を霊視するなど、その預言の内容は旧約聖書の「エゼキエル書」に遺されている。

2 ベガ星人

ベガ星
琴座にある一等星。地球から約25光年の距離にある。「織姫星」とも。わし座のアルタイル（彦星）、白鳥座のデネブと共に、夏の大三角形をつくる。

ベガ星人
ベガ星系に文明を築く宇宙人。相手に合わせて外見を自由に変えることができ、性別は男性、女性、中性が存在する。高度な科学技術と「ヒーリングパワー」を持つ。

魂のルーツとしてベガに縁があるとされるのは…
天照大神《あまてらすおおみかみ》、木花開耶姫《このはなのさくやびめ》、ラムセス2世、女神イシス、光明皇后《こうみょうこうごう》、吉田松陰《よしだしょういん》、木戸《きど》孝《たか》允《よし》、深田恭子《ふかだきょうこ》　などベガのほうは、当会の秘教部分に当たる、神秘的な「心の教え」と、実は関係があるように思われます。当会には、「一念三千《いちねんさんぜん》」的に、「心のあり方次第《しだい》で、その人の運命も変われば、周りも変わっていく」という教えがありますが、そういう深遠な仏教的教えのルーツとして、ベガの教えがあるように思われるのです。

ベガの人たちについては、「反射鏡《はんしゃきょう》のように、相手に相手自身の姿を見せる。相手が『見たい』と思う姿を相手に見せていく。ベガの人に対して、相手は自分の姿を投影《とうえい》してしまう」とよく言われています。

READING 宇宙人リーディング

ベガ星人の特徴《とくちょう》① 外見

ベガ星人　私たちは、人間の姿にもなれるし、あなたがたから見れば超能力者《ちょうのうりょくしゃ》ですが、カメレオンみたいに体を変えられるんです。

人間みたいになろうと思えば人間になれるし、動物みたいな姿をとろうと思えば動物みたいになれるし、恐竜《きょうりゅう》になろうとすればそうなれるし、宇宙服を着た宇宙人の姿をとろうと思えばそうなれます。

あなたがたは霊界《れいかい》へ行くと、思ったような姿に変わりますけれども、そのあなたがたが霊界で経験することを、私たちは、三次元世界というか、この星の世界の生活で経験しています。この肉体そのものにトランスフォーメーション（変形）を起こして、いろいろなものに変化させることができ、そのときの思いに合わせて姿を変えます。

地球人とかが私たちに会うと、私たちはその地球人の思い出のなかの人物に体を変身させて現れます。亡《な》くなったおじいさんやおばあさんになって現れたり、実はもういない友人、あるいは、すでに別の所で住んでいる友人の姿で現れたりすることができます。

ですから、琴座《ことざ》ベガ星人の本質は、カメレオンです。いや、カメレオンという形さえありません。本質的に言えば、液状《えきじょう》人間です。肉体をつくる素材はあるんですが、それぞれが自分の思いを外に表した姿になっている。

すなわち、肉体がもう霊体化《れいたい》している。「半分霊体、半分肉体」、これが、われわれの正体です。

ベガ星人の特徴② 精神性

ベガ星人 ベガ星の教えは、主として温和と調和です。要するに、「周りの姿を映して見る」ということですね。周りの姿を映して自分が変わるし、自分を周りの姿に合わせるというようなこともしています。

ベガ星の修行《しゅぎょう》が地球と比べて違うのは、要するに、「周りと自分との関係をどのように表現するか」ということが、魂の修行というか、人間としての修行であるということです。修行が進んでくると、その変化の度合いが、速くかつ大胆《だいたん》なものになります。

で、そのなかのマスター、あるいはアデプト（目覚《めざ》めた者）と言われる、高度な悟《さと》りを開いた指導者たちは、自由自在に自分を変化させると同時に、自分自身をさらに分化させたり分裂《ぶんれつ》させたり、例えば地球のこちら側と裏側に、同時に複数、存在させたり、五カ所に分かれたり、あなたがた千手観音《せんじゅかんのん》とか言っているようなね、ああいうふうに、機能において多様に分かれることさえできます。

だから、十一面観音だとか、千手観音とか、あるでしょう？　あれは、ベガ星人のことです。ええ、それが本質ですね。

　われわれは変化を中心とするものです。変化と多様性を中心とするものです。また、同時多発存在、同時並行《へいこう》存在というようなものを目指しているものです。

ベガ星人の特徴③　地球に来ている理由

ベガ星人　「われわれは千変万化《せんぺんばんか》する」と言いました。それは、ある種の創造ではあるんですが、その創造が、変化、変身の原理、トランスフォーメーションの原理にとどまっているんですよ。
　ところが、エル・カンターレの創造はそうではなくて、「ゼロから創《つく》

★千手観音　仏教の菩薩《ぼさつ》の一尊。千本の手は、あらゆる衆生《しゅじょう》を救おうとする、慈悲《じひ》の深さと救済力の大きさを表している。（右：三十三間堂《さんじゅうさんげんどう》の千手観音）

り出していく力」を持っていらっしゃるんです。ゼロから、宇宙の「法」を創ったり、宇宙のいろいろな惑星《わくせい》や物質、世界を創り出してきているんですよね。この根源の法を持っているのが、実はエル・カンターレなんです。

われわれは、地球人から見れば神仏《かみほとけ》と思われるような、千変万化の法を、そして分身《ぶんしん》の法を学んでいるんだけれども、最終的な創造、ゼロから、無から有を生み出す、無から有を生み出すところの根本的な始原の法、「アルファの法」とも呼ばれていますけれども、アルファの法を、まだ学べていないんですね。これが、われわれの、今、学び残しているところなんです。

そうした始原の法、根源の法のところをエル・カンターレに学ぶために、われわれは来ています。金星時代にも指導されたんですけれども、まだ学び尽《つ》くせていないので、それを学ぶために来ています。

COLUMN 12

「オシリスの復活」を助けたベガ星人のヒーリングパワー

オシリスは、六千数百年前のギリシャに生まれ、当時、ギリシャの支配圏《けん》に入っていたエジプトへ行き、王になった人です。その妻がイシスで、英語ではアイシスといいます。エジプト神話のイシス神です。

オシリスには外征《がいせい》が多かったのですが、彼が外へ出ていっている間に、実は、弟のセトに王の座を乗っ取られていました。そして、オシリスが遠征から帰ってきたとき、宴席《えんせき》が設《もう》けられ、その宴会の場で、オシリスはセトの罠《わな》にかけられたのです。

つまり、宴会の座興《ざきょう》として棺桶《かんおけ》が用意されていて、「この棺桶のサイズにぴったり合う人がいたら、その人に、この棺桶をあげます」

冥界の王として描かれている、復活後のオシリス神（玉座に座っている神）。「オシリス」はギリシャのオフェアリス神のエジプトでの呼び名で、エル・カンターレ（p.96）の魂の分身の一人でもある。

ということだったのですが、いろいろな人が入っても合いませんでした。

そこで、オシリスが入ってみたところ、ぴったりと大きさが合いました。もともと、そのようにつくられたものだったわけです。そして、オシリスが入ったあと、その棺桶は、蓋《ふた》をされ、釘《くぎ》を打たれて、オシリスが外に出られないようにした上で、ナイル川に流されたのです。

どうやら、その棺桶は今のシリア方面の沖《おき》まで流されたらしいのですが、それをイシスが捜《さが》しに行き、持ち帰りました。そして、そのイシスたちの努力によって、死体になっていたオシリスは生き返るのです。

ところが、「オシリスが生き返った。許せない」と考えた悪王のセトは、再びオシリスを捕《と》らえて殺し、今度は、「もう二度と復活できないように」と、オシリスの体をバラバラにして、それらを別々の所に埋《う》めたりさせました。まるでバラバラ殺人事件のようです。

しかし、バラバラになったオシリスの体の各部分を、イシスとその侍女《じじょ》や侍従たちが捜し回り、それらを集めてきて、元の形、原形に戻《もど》しました。そして、その体に包帯を巻いたのですが、これが〝ミイラ〟の始まりです。

オシリスの体を人間の形に復元したあと、イシスたちは祈《いの》りました。

このあとは「宇宙人リーディング」とも絡《から》んでくるのですが、当時、ベガ星から地球に来ていた宇宙人たちが、「ベガ・ヒーリング」という治療《ちりょう》法で助けてくれた面もあったようです。すなわち、バラバラになっていた体をくっつけて、オシリスを生き返らせてくれたのです。

そのあと、オシリスはスーパーパワーとして復活しているのです。

3 ウンモ星人

ウンモ星

地球から約 14.5 光年の距離にあるといわれているが、天文学的にどの星系に当たるかは不明。

ウンモ星人

ウンモ星からやってきた宇宙人で、「ユミット」とも呼ばれる。地球には多いときで百人、少ないときで十人くらいが来ているという少数派。訪問先の星の言語を熱心に学ぶため、語学に強い傾向があるという。

私の以前の著書のなかで、「地球人にそっくりな宇宙人もいて、どちらかといえば、北欧系の金髪《きんぱつ》の人によく似た姿をしている」と書いたこともあります。北欧系の人にそっくりな宇宙人にも、地球に比較《ひかく》的近い距離《きょり》の星から来ている人と、もう少し遠い星から来ている人と、二種類あるようです。

比較的近い星は、地球から約十四・五光年の距離、光の速度で十五年近くかかる所にあります。彼らの存在は、一部の人には知られつつあります。その星は「ウンモ星」と呼ばれ、そこから来ている人たちは「ウンモ星人（ユミット）」と言われています。

ウンモ星人の特徴《とくちょう》① 精神性

READING 宇宙人リーディング

ウンモ星人 私たちは、科学的思考がとても強いし、同時に、イエス・キリストに似たタイプの人の宗教を信じているので、愛の教えもまた信じていて、科学と愛の両立を、星の特徴《とくちょう》としているものです。

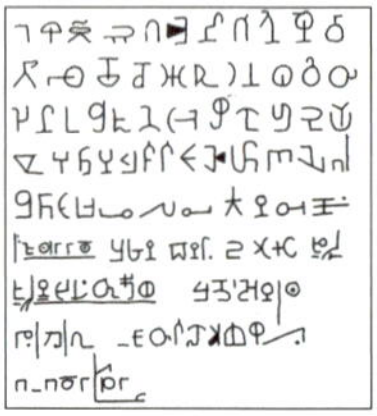

ウンモ星人（ユミット）は、複数の地球人に対し、150通に上る通信文を送ってきているともいわれる。（右：ユミットの文字で綴《つづ》られた文書の例）

でも、私たちは好戦的な生き物ではなく、どちらかというと非常に臆《おく》病《びょう》なタイプで、怖《こわ》がり屋です。

ですから、ウンモ星人は、他の宇宙人や地球人に見つかったら、すぐ逃《に》げます。あんまり好戦的なほうではなく、平和を好むというか、まあ、どちらかというと少し臆病な体質です。

地球に来ている人数も少ないので、われわれは、そんなに主流派でなく、宇宙から来たなかでは、おそらく、今、最少部族です。宇宙人は、地球には、おそらく二十種類以上、来てると思いますが、われわれがいちばん少ないので、いつも、いじめられないように気をつけて立ち回って、発見されないように努力していますけど、きょう発見されてしまいました（会場笑）。

人間のなか、地球人のなかに隠《かく》れるのがいちばん分かりにくいので、ウォーク・インのかたちで入っている。

で、ウォーク・インっていうのは、あなたがた、分かりにくいと思う

 ★ウォーク・イン ⇒ p.78

けど、最近、地球で有名になってる映画で、「アバター」とかいうのが流行《はや》ってますでしょ？　「カプセルのなかで寝《ね》ているような姿になって、睡眠《すいみん》中に、意識がほかの肉体に移って活動する」という映画でしたね？

そういうふうに、今、目に見えないようなスタイルになっているけども、インビジブルな宇宙船があって、私は、実は、肉体のほうは、そこでカプセルのなかに入って、冬眠しているような状態です。要するに、寝ている、夢を見ている状態で、魂だけ抜《ぬ》けて、この者のなかにウォーク・インして、この者の体験を、自分の体験として経験している。

ウンモ星人の特徴②　地球に来ている理由

ウンモ星人　ウンモ星は、実はもう滅《ほろ》びかかっておりますので、どういうかたちなら地球に移住して住めるようになるか、その方法を構築するための研究隊が、私たちです。

ウンモ星自体の寿命《じゅみょう》が、もう、そんなにないと思われます。というのも、今、食料的に危機なんです。星として、食料が非常に入手困難な状態になってきています。一方、地球は、科学技術で再生させれば、豊かな食料をつくり出すことができると考えているんです。

われらの主食は、実は野菜系統なんです。本当はベジタリアンなんです。けれども、今、ウンモ星の砂漠《さばく》化が進んでいて、そうしたベジタリアンの私たちを養うのに、将来的には非常に厳しい状態になっております。

それは、空気による太陽光線の遮断《しゃだん》効果がとても低くなっていて、寒暖の差が激しくなってきているために、植物にとって非常に過酷《かこく》な環境《かんきょう》になってきて、これを改善できないでいるんです。

地球でそういうことにならないように、われわれは、今、新しい研究をさせて、そして、地球がもっと緑なす大地になって多くの人を養えるようにしてから、移住してきたいと考えています。

われわれに残された時間は、あと百年が限度だと思っています。

ウンモ星人の特徴③　外見

ウンモ星人　ウンモ星人は、地球に来ているときには人間に化《ば》けています。外見は、人間の姿をしているので、ほぼ区別はつかないと思います。

けれども、ウンモ星に帰った場合の姿は、実は違います。ウンモ星に帰ったときのわれわれの姿は……。

われわれはとても平和で、愛を信ずるものです。ただ、私の本当の姿を説明しますと、手と足を合わせて八本あります。ごめんなさい、許してください。

地球の生き物でいちばん近いものが何であるかと考えますと、おそらくは……、ハチかと思います。ハチによく似たものです。

ただ、大きさは、あんなに小さなものではなくて、三メートルぐらいはあるハチです。羽も生《は》えておりますし、外見もよく似ています。ただ、手が二本多いです。それが、野菜を食べて生きております。

平和に生きておりますが、その姿を見たら、地球人は引っ繰《く》り返って、びっくりしますので、われわれは、変身術で、人間の目には人間に見えるように、幻覚《げんかく》を見せています。要するに、催眠《さいみん》を与《あた》えて、われわれを見る者には人間に見えるようにしてるんです。

地球に来た場合は、好みでフランス人風に見えたり、イタリア人風に見えたり、われわれは、いろんな姿に見えております。

母星に住んでる人たちは、今はもう百万人ぐらいです。でも、地球に来てるのは、多いときで百人、少ないときは十人ぐらい。で、私たちは、けっこう、何年かの間に来たり帰ったりしております。

ウンモ星人は、地球の友です。

ウンモ星人の特徴④　UFO

ウンモ星人　ウンモ星人の円盤は、灰皿を上下くっつけたような形のクラシカル（古典的）な円盤で、回転している。で、点滅《てんめつ》する窓があります。これが、ウンモ星人の円盤です。おんぼろ円盤です。ええ。

科学技術的には、地球に来ている宇宙人のなかではいちばん後《おく》れています。地球人よりちょっと進んでいるけども、いちばん後れていると言われているのがウンモ星人です。

質問者　「ウンモ星人は霊界を通って地球に来ている」と聞いていますが。

ウンモ星人　はい。来てます。主として四次元霊界を通らなければ、やはり、なかなか来れないので、三次元と四次元の間を行ったり来たりしながら運航しております。

宇宙航行は、本当の霊界そのものを飛行すれば、もうちょっと速く来れるはずなんですけど、現実には、やはり三次元との連動がかなり強くて、まあ、どちらかといえば三・五次元ぐらいに近いあたりを通過している状態です。

現実には、宇宙の揺《ゆ》らぎがあって、距離が遠くなったり近くなったりするときの、近くなったときを利用して、よく来ております。

遠くなると、来るのに何十年もかかるんですけど、近いときは、わりに早く、三年ぐらいで来れるんですね。うん。それをなるべく使うようにして……。

あなたがたの、昔の遣唐使《けんとうし》船みたいな感じですね。そんな感じでやってます。

ウンモ星に愛を、お願いします（会場笑）。

4 ケンタウルス座α《アルファ》星人

ケンタウルス座α星

通常、ケンタウルス座α星というと、ケンタウルス座にある、恒星が 3 つ集まった三重連星を指す。連星の一つプロキシマ・ケンタウリは地球から約 4.3 光年と、太陽系にもっとも近い恒星である。その星系に文明が存在する惑星があると考えられる。

ケンタウルス座α星人

ケンタウルス座α星には、科学を重視する種族と信仰を大切にする種族がいたが、科学を重視する種族が優勢になり、信仰を大切にする種族は他の星に移住した。地球にもラ・ムーの時代に大船団で飛来している。

READING 宇宙人リーディング

ケンタウルス座α《アルファ》星人の特徴《とくちょう》① 科学技術

ケンタウルス座α星人　ケンタウルスのα《アルファ》は技術が進んでいて、ほかの所へ単に宇宙トラベルをするだけではなく、時間調整まで可能で、宇宙トラベル・アンド・タイムトラベルの両方の機能を持っている種族もいます。千年や二千年、時代をずらし、別の時代に行ったりできるだけの技術があるのです。

ほかの星の人は、違うことを言うかもしれませんが、われらは、「おそらく、われらが宇宙でいちばん進化しているのではないか」と信じています。「同時にタイムトラベルまでできるUFOを持っている星人は、ほかにはいないのではないか」と思うのです。

われわれはタイムトラベルをするので、「何千年、何万年も生きている」と思われている人が数多くいるわけなんですね。単に、違う時代を見に来ているだけなんですけど、そのように勘違《かんちが》いされることがあります。

ケンタウルス座α星人の特徴②　外見

質問者　ケンタウルス座α星人の外見は、どのようなものなのでしょうか。

ケンタウルス座α星人　外見を言わされますか。それは、実を言うと、厳しい質問ですねえ。私には、つらい。

昔、映画で、「猿《さる》の惑星」というのがあったことを、ご存じでしょうか。だからねえ、猿が人間になったような外見なんです。

われらは、頭はとてもいいんですけど、猿によく似ているんです。だから、過去の化石を発掘《はっくつ》され、「類人猿《えん》だ」と間違われている者がたくさんいると思いますね。「直立歩行する猿」によく似た外見をしているのが、われわれです。

もちろん、人間にそっくりの者も来てはおりましたが、私は〝猿の惑星〟そのものです。

映画「猿の惑星」
猿人間が支配する惑星に不時着した宇宙飛行士たちが、衝撃の事実に直面する。（1968年公開／ピエール・ブール原作／APJACプロダクションズ／20世紀フォックス）

ケンタウルス座α星人の特徴③ 精神性

ケンタウルス座α星人　レプタリアンによる進化に満足がいかなかったので、私たちが（地球に）呼ばれたんだと思うんですよね。

彼らは、やりたい放題をしていました。恐竜がとても強いときには、ある程度、レプタリアンの放し飼い状態であったんですけど、そうしているうちに、彼らの凶暴性《きょうぼう》がかなり増してきて、人類に対しても悪さをし始めたのです。

それで、その慢心《まんしん》を戒《いまし》める必要がありました。「科学技術が優《すぐ》れていれば神に近いのだ」と思っている慢心を打ち砕《くだ》く必要があったのです。

太陽系との距離は四・何光年だったと思うんですけど、エル・カンターレとは非常に近い関係でした。金星や地球や、この辺りは、みな、わりに近いんですよね。だから、昔から、古代から、けっこう交流はあったんです。そういう意味では、元の金星文化の影響《えいきょう》もそうとう受けています。

ただ、われわれに、やや足りないものがあるとしたら、いわゆる、元の金星人や、プレアデスに行った金星人のような、「美」に対する強い好奇心《こうきしん》を、彼らほどには持っていないことです。

それよりは実用精神のほうが強く、実学志向で、科学技術的なものなど、実際に役に立つもののほうに関心があります。飾《かざ》り立てることや、きれいに見えることに対する関心は、彼らより薄《うす》かったのではないかと思いますね。

COLUMN 13

ケンタウルス座α《アルファ》星の秘された歴史

READING 宇宙人リーディング

星を追われた女性宗教指導者の涙《なみだ》（2010年2月18日収録）

大川隆法　あなたは、元の星の宗教指導者ですか。

ケンタウルス座α星人　はい。

大川隆法　そうだね。女性だったんですか、最後の宗教指導者は。

ケンタウルス座α星人　はい、そうです。

大川隆法　ああ、それが、科学技術系の指導者にやられたんですか。追い出された？　それで、脱出《だっしゅつ》して……。

ケンタウルス座α星人　私が弱かったのです。もっと、もっとみんなを、きちんと、してあげなければ、いけなかったのに、私の、力が……。（すすり泣く）

大川隆法　いや、あなたのせいではありません。そういうこともあります。はい。そういう時代もあります。

ケンタウルス座α星人　（号泣する）

大川隆法　「そうならないようにしなくてはいけない」ということですね。今、日本が、地球が、そういう危《あぶ》ない時期ですね。確かにそうです。

今、信仰《しんこう》が失われ、心が失われた時代に入って、科学万能《ばんのう》になったら悪魔《あくま》にだって支配される時代に入りますね。そうです。あなたの言うとおりです。武力を持っている者が勝てる時代ですので、そこに悪魔が入ったら、やられてしまいますね。そうですね。アメリカも、中国も、その他の国も、十分、危険性は持っていますね。分かりました。

「仏国土《ぶっこくど》を広げなさい。ユートピアを広げなさい」ということが言いたいのですね？

ケンタウルス座α星人　そうです。

大川隆法　はい。ありがとう。その使命を伝えに来たんですね。

ああ、これは、あなたの星の、最後の宗教指導者ですね。何か、エジプトのクレオパトラみたいな感じの立場ですね。最後の祭司兼《けん》女王さまみたいなかたちですね。

ケンタウルス座α星人　（すすり泣く）

大川隆法　ああ、つらかったでしょう。お父さまも殺されたんだね。かわいそうにね。お父さまもお母さまも殺されたね。ああ、大変だったね。脱出するのは大変だったでしょう、さぞかし。もう、これは、かなり昔の話ですね。一万年を超《こ》えて、もっと昔の話ですね。

はい。分かりました。

ありがとう。秘された過去を明かして申し訳ありませんでした。

科学を重視したケンタウルス座α星人の弁明（２０１０年６月18日収録）

質問者　以前、ケンタウルスαの女性が、「星が悪魔に乗っ取られてしまった」ということで、非常に悲しんでおられました。

ケンタウルス座α星人　彼女たちは、ケンタウルスαにしては非常に素朴《そぼく》なんですよ。要するに、「神様を信じていたらよい」というような、非常に単純な生き方をしているんです。

しかし、「そんな単純なことでは駄目《だめ》だ。やはり、もっと機械類を発達させなくてはならない。そして、過去・現在・未来や宇宙を行き来できるようなレベルまで行けば、神の心境に到達《とうたつ》できる」というのが、われわれの考え方です。

向こうの考え方は、「そんな機械類は関係なく、信仰心が大切である。心を清くし、神様を信仰していれば、神様のところまで行ける」というものです。

こういう思想的な対立があり、われらのほうが強くなったので、だんだん、身に危険を感じて、星から逃《に》げ出した人たちがいたことは事実です。

ただ、われらは悪魔ではありません。

実験精神が豊富だったので、われらには、すぐに何かを捕獲《ほかく》する癖《くせ》は確かにありました。人間を捕《つか》まえて、いろいろな機械を脳に植え込《こ》み、人格改造をしたりしていたので、確かに人体実験はしていました。しかし、それは科学的探究心によるものであったのです。

レプタリアンは科学技術の面で進化しており、われわれは下手《へた》をしたら支配されてしまうので、支配されないようにするためには、こちらも科学技術のレベルを上げなくてはなりません。そうしないかぎり、防衛は不可能なのです。

まあ、そういうことをしていると、敵に似てくるところはありますけど、われわれは決して悪魔ではないのです。

5 レプタリアン

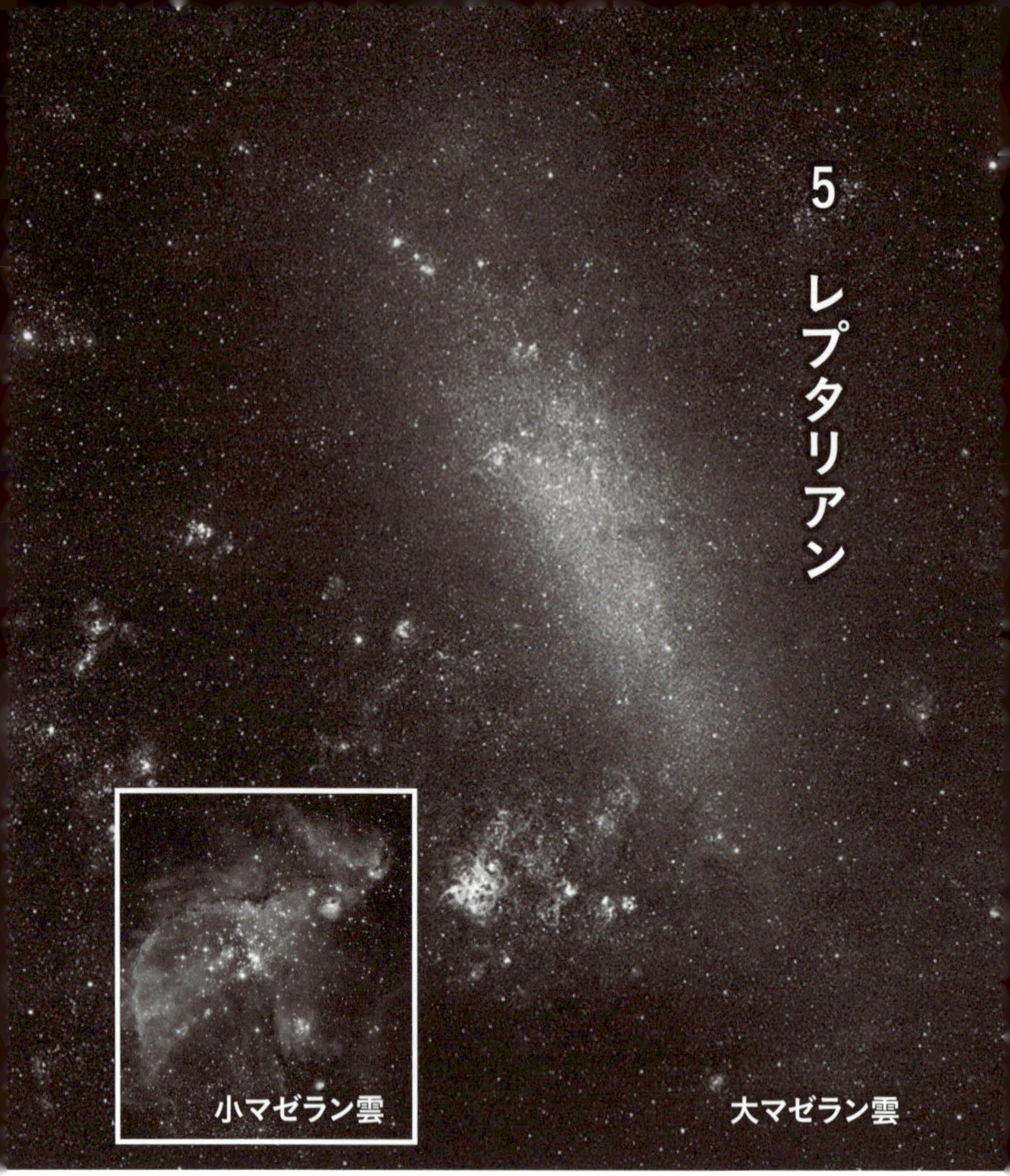

大マゼラン雲・小マゼラン雲

私たちが住む天の川銀河から比較的近い距離にある、2つの不規則銀河。これまで、天の川銀河の周りを回る伴銀河と考えられていたが、近年の研究では、天の川銀河のそばを通過中の銀河である可能性が指摘されている。

レプタリアン

宇宙に広く存在する、爬虫類《はちゅうるい》的性質を持つ宇宙人の総称。「力」や「強さ」を重視し、一般に攻撃性、侵略性が強い。大マゼラン雲のゼータ星が本拠地と目《もく》されている。外見は、爬虫類型のほか、肉食獣型や水棲人型、人間に近い姿の種族も存在するという。

地球に来ている宇宙人のなかに、レプタリアンは三割ぐらいいると言われていて、最大勢力らしいのですが、「どんな種類がいて、どんな考え方を持っているのか」など、その生態はまだ十分に解明されていません。

レプタリアンは、一般に嫌《きら》われる傾向《けいこう》が強いのですが、本心は違うかもしれず、信仰心に溢《あふ》れたレプタリアンや、お金儲《かねもう》けのうまいレプタリアン、出来の悪い人を排除《はいじょ》するレプタリアンなど、いろいろな種類があるかもしれません。

彼らにも何か言い分があるだろうと思うので、単に、肉食動物のような感じで捉《とら》えるのではなく、彼らが最大勢力である理由をもう少し解明して、今後の勉強に役立てたいと思います。

①エンリル

「われわれが地球の神なんです」

REIGEN 霊言

エンリル　私たちが地上に来たときには神と呼ばれたのです。実は、宇宙人の姿をとって来て崇《あが》められたことが数多くあります。

エンリルである私は、今あなたがたには一部知られております爬虫類《はちゅうるい》型宇宙人、いわゆる「レプタリアン」です。

外見は爬虫類の仲間にすぎませんが、もともと、知能的には、地球人類から見れば、最高度に発展した現在の文明よりも、さらに千年は進んでおります。

われらは、家畜《かちく》を飼うように、地球人類を、遺伝子操作でつくり、生み出し、育て、見守ってきました。

エンリル（紀元前 2800 年頃）
古代シュメールの指導者で、メソポタミア神話では大気・嵐の神とされる。地球には 3 億数千年前に、マゼラン雲より飛来した。霊界では、魔法界や仙人界を指導している。

われらの姿は、数多くの古代文書や粘土板《ねんどばん》、遺跡《いせき》等にも記録されております。その姿はというと、大きな目と猛禽類《もうきんるい》のような指、尖《とが》った耳があり、さらに尻尾《しっぽ》が生えております。

この姿のままであると地球人類が怖《こわ》がるので、われらは、自分たちのダミーとして、一種のサイボーグを使っています。「グレイ」と呼ばれている宇宙人、百二十センチぐらいの身長で、誰《だれ》もが同じ顔をした、アーモンド型の黒い目の宇宙人を、ロボット代わりに使って、地球人の前で数多く姿を現しておりますけれども、それは、われわれの代理人であって、われわれの本性《ほんしょう》、本体はレプタリアンです。

質問者 地球人にとって、宇宙人と交流することは、よいことなのでしょうか。それとも、恐《おそ》ろしいことなのでしょうか。

エンリル 何を言っているのですか。われわれが地球の神なんです。われわれが、遺伝子操作によって、あなたがたをつくってきたんです。対等の立場で交流ができるなどと思ってはなりません。

シュメール神話を描いたレリーフから。

★グレイ ⇒p.182

あなたがたは、遺伝子操作で生まれた家畜《かちく》と同じなんです。われわれの教えを受け、われわれの指導の下《もと》に文明をつくり、この世での進化を図《はか》り、そして、霊界にも新しい魂を供給するという役割を負っているのです。

「アメリカ文明が滅《ほろ》びるように、さまざまな『仕掛《しか》け』を進めている」

エンリル　今、われわれは、アメリカ合衆国がイラクを二回にわたって攻撃《こうげき》したので、これに対して懲罰《ちょうばつ》を与えるべく、彼らに対する掃討《そうとう》作戦を宇宙からやっております。

宇宙から、宇宙人として、アメリカ人に睡眠障害や精神障害が起きるようなことをし、恐怖《きょうふ》を抱《いだ》かせ、民族が混乱し、退廃《たいはい》し、アメリカ文明が滅《ほろ》びるように、今、さまざまな「仕掛《しか》け」を進めております。

②「進化」を司《つかさど》るゼータ星の翼竜《よくりゅう》型レプタリアン

『「バットマン」によく似た姿で、空を飛べます』

READING 宇宙人リーディング

ゼータ星人　私の姿は、地球人に分かるように申し上げますと……、昔の……、恐竜時代の生き物でたとえるとすると……、プテラノドンという恐竜がおります。

尻尾が生えて、空を飛ぶことができる生き物です。

全長は、おそらく二メートル五十センチぐらいです。羽を広げれば、空を飛べます。

ですから、あなたがたの世界の映画で言えば、「バットマン」によく似た姿で、バットマンのように空を飛べます。それが私たちの姿です。

レプタリアンにも種類がありますので、そのなかの一つで、空を飛ぶ

ゼータ星の翼竜型レプタリアン
大マゼラン雲のゼータ星から飛来した宇宙人。外見は翼竜型の恐竜に似ている。地球より約1000年進んだ高度な科学技術を持ち、地球人として転生して、地球文明の進化に貢献している。

レプタリアンです。

「われわれは進化と競争を進めるために地球に来ている」

ゼータ星人　みなさんはレプタリアンを差別していますが、差別はいけません。レプタリアンは進化のための生き物なんです。地球にも進化と競争があります。進化と競争を進めているのがレプタリアンなんです。

よく、われわれが獰猛《どうもう》であるとか、猛禽類に似ているとか、爬虫類に似ているとか、いろいろ言われています。外見から見ればそのとおりかもしれませんけど、われわれは、進化と競争を進めるために、地球に来ているものです。

ですから、われわれの力なくして、地球人がこれほど進歩・進化するということは、なかったはずです。

特に、ここ二、三百年の間に、地球は異常な進化を遂《と》げました。そうですね？ 過去、平和を望んだ時代や、愛や慈悲《じひ》の教えが説かれた時代もございますけれども、ここ二、三百年の間、科学技術が非常に進歩したでしょ？

アメリカが世界帝国《ていこく》をつくろうとして支配しているときにも、われわれの協力が、当然、入っています。

今、中国が世界を支配しようとしておりますけれども、中国にもわれわれの仲間はたくさん入っております。

われわれは、別の言葉で言えば「進化の神」なんです。古来からの「進化の神」であって、実は、地球に来ているのはここ二、三百年じゃありません。大昔から、何億年も前から来ているものです。われわれが来たときに、新しい文明が起きて、古い文明が滅びているんです。

宇宙人の魂《たましい》が地球人として生まれるには？

ゼータ星人 私はウォーク・インではありません。この人（リーディ

 ★ウォーク・イン ⇒p.78

ング対象者）自身の魂《たましい》のなかに、がっちりと入っている、そのものでございます。ですから、外見は地球人ですけれども、この方の魂には、レプタリアンの魂がズボッと入っております。

ただ、たまたま、過去、何度も地球に来て経験を積み、人間としての生き方をよく学んでいるので、母胎《ぼたい》に宿ることができ、それで人間として生まれることができた。まあ、かなり経験を積まないと、人間の体に入って生まれるのも、ちょっと難しい。

だから、肉体を持って地球に生まれた以上、本人は地球人です。ええ。レプタリアンだけど地球人。地球レプタリアンです。合《あ》いの子ですけど、地球レプタリアン。魂はレプタリアンが入っていますが、でも、地球人としての人生を、今、始めようとしているところです。

いや、これは、もう今から何億年も前から繰り返し起きていることであるので、そんなに心配することではなくて、レプタリアンの魂が入った人類というのは、地球の進化に必ずつながるんです。

「アングロサクソン系の中心的な考えは、レプタリアンの思想」

ゼータ星人　例えばアメリカ合衆国、アメリカ帝国ですね、世界のスーパーパワーのアメリカ帝国の考え方なんて、レプタリアンの考えそのものです。あれがレプタリアンの考えです。ええ。

だから、今、アングロサクソン系の中心的な考えは、レプタリアンの思想なんです。これが主導権を握《にぎ》っているので、レプタリアンが恥《は》ずかしがることなんか全然ないんです。こちらが主流なんです。ウンモ星人なんかいなくなっても、全然、困らないんです（会場笑）。

われわれは、たいへん数多く地球に来ております。そうとう大量です。それも、文明の興隆期《こうりゅうき》、発展期、それから、世紀が変わるときの新しい文明期に、必ず大量のレプタリアンが、霊的にも肉体的にも地球に現れて、地球の進化を促進《そくしん》しています。

調和だけがいいのではありません。調和だけだったら平安時代から変わっていません。調和を捨てて、やはり競争をとり、進化をとったために、今の日本があるんです。日本も、レプタリアンに助けられて、現在まで植民地にされることなくやってこれたんです。われわれの力は偉大《いだい》なんです。信じてください。

中国に入っている二種類のレプタリアンとは？

質問者　お話のなかで、「中国にレプタリアンが入っている」という内容がありました。先ほど、戦争を進歩の原理だというように言われたのですが、地球は破滅に向かっているように見えます。

ゼータ星人　今ちょうど、アメリカ文明と中国文明が覇権《はけん》を競《きそ》いに入っているところです。

われわれは、いろいろな所で文明実験をするのがとても好きなんです。キリスト教のプロテスタント的なものを背景に持ったアメリカにおいて、文明の発展実験をかなりやって、ある程度の成果はあげました。

中国は、もう、この二千年、停滞《ていたい》に停滞を重ねていて、決して進歩していません。あれほどの、人口十三億の大国でありながら、発展が後れておりました。ちょうど鄧小平《とうしょうへい》が活躍《かつやく》を始めたころあたりですね、毛沢《もうたく》東《とう》が死んで鄧小平の時代に入ったころあたりから、レプタリアンの影響は、中国に非常に強く出てきております。

レプタリアンも、まあ、全部、同一の種類ではありません。

アメリカに入っているのは、もうちょっと爬虫類的な特徴がはっきり出ているレプタリアンです。どちらかというと、ティラノザウルスのような感じに見えるレプタリアンが、けっこう支配階級に入っています。

今、中国に入っているレプタリアンは、あなたがたがビッグフットと呼んでいるようなタイプのレプタリアンです。身長が三メートルもある、雪男《ゆきおとこ》みたいな、毛むくじゃらの大きな姿をしているレプタリアン。そのような姿のものが、数としては多いように思いますね。あれは、恐竜の一種なんです。形は犬みたいだけれども、恐竜の一種なんです。

「スター・ウォーズ」という映画のなかに大きな生き物が出てきますね。あれは、実は実物の宇宙人を模《も》してつくられたものだと言われているそうですけれども、見た人がいるんです、あの姿をね。

あと、中国に、今、入っているレプタリアンの、もう一つの種類は、ずばり言えば、ワニに似た姿のレプタリアンです。中国に入っているレプタリアンも、まあ、何種類かあります。だから、内部での抗争《こうそう》がけっこう行われていると思うし、今後とも行われるであろうと思います。

そこで、金儲けというか、経済的な発展のほうを非常に強く押《お》してくるレプタリアンは、アメリカ系のレプタリアンと似たものが、だいたい入ってきていると思いますが、政治系に入っているレプタリアンは、アメリカに入っているものとは違う種類だと思われます。

「われわれは高い次元の悟《さと》りを技術と一致《いっち》させている」

質問者 「魂の進化」ということに関しては、どのように考えていますか。

★映画「スター・ウォーズ」シリーズに登場する惑星キャッシーク出身の宇宙人チューバッカは、身長2m30cmで全身が毛で覆われている。

ゼータ星人 あなたがたは、先ほどのウンモ星人の話を聴《き》きませんでしたか？「ウンモ星人は、三次元と四次元の間をぎりぎりで飛んでいて、せいぜい三・五次元ぐらいの世界を通過している。それゆえに、霊速《れいそく》で飛ぶことができないで、地球に来るのに、早くて三年、遅《おそ》ければ何十年もかかって来ている」と。

これは、高次の霊界を通れないことを意味していますね。それは、ウンモ星人の霊格《れいかく》が、霊的な悟《さと》りが低いことを意味しています。

われわれは、自由自在に宇宙を飛び交《か》っています。ということは、外見は、そうした爬虫類系で、あなたがたがお好きでない姿かもしれませんけれども、われわれは、もっと高い次元の宇宙、高次元宇宙を、自由に通過、飛行する技術を持っているということです。

われわれは、遙《はる》かに高い次元の悟りを技術と一致《いっち》させることに成功しているのです。その点において、地球人などは口を出すような権利がないということですね。

まあ、あなたがたの世界で言えば、もう八次元に近いあたりだと思いますけれども、そのあたりに近い次元を通過し、宇宙航行する技術を持っているのです。

ここまで行くのに、あなたがたは、あと千年かかるんですよ。

われわれは、あなたがたからは残虐《ざんぎゃく》に見えているのかもしれないけれども、「宇宙航行ができる」ということは、「宇宙の悟りを得ている」ということなんですよ。

★八次元（如来《にょらい》界）　あの世の次元構造（p.64）の一つ。人類の教師役として、宗教の祖や思想・哲学の根源になったような人が存在する。また、宇宙全体の霊界と地球霊界を結ぶルートが存在し、UFOが霊界を経由して移動する際のメインストリームとなっている。

③「地球の守護神《しゅごしん》」のアルタイル星人

READING 宇宙人リーディング

「エンリルは、元の星では知り合いなんだ」

質問者　地球には、いつごろ来られましたか。

アルタイル星人　もう、かれこれ、うーん……、ずいぶん前になるねえ。一億五千万年ぐらいになるかなあ。そのときには、もう、すでにいたような気がするな。うん。

それからは、やはり、天使として、「地球の守護神《しゅごしん》」をしていたわけだよ。

質問者　エンリルとの関係はどうだったんですか。

アルタイル星人　ああ、エンリルねえ。まあ、エンリルは、元の星では知り合いなんだけどね。

アルタイル星人
わし座のアルタイル星（彦星）から、約3億年前に飛来した翼竜型レプタリアン。地球では、朱雀《すざく》、ガルーダ、天狗などと呼ばれている。地球でエル・カンターレ（p.96）に帰依し、神仏を守護する「信仰レプタリアン」となった。その後は、地球人として転生を重ねている。

質問者　知り合いですか。エンリルはゼータ星ではないのですか。

アルタイル星人　いや、ゼータ星なんだけれども、やつらは植民地支配をやっていたので、われわれの星にも来てはいたんだよ。彼らは、宇宙の各地に遠征チームを組んでやって来ていて、いわば巡回《じゅんかい》しているんだよなあ。

だから、そういう意味で、何と言うかなあ、まあ、「ああいうやつらと、ちょっと一線を画《かく》したい」という気持ちはあったんだけれども、ただ、七大天使のなかに入っている者のなかには、われわれの星から行っている者も入ってはいるので……。

だから、あれは、全部エンリルの星から来たわけではないんだ。

地球にて再編成されたものであるので、あのなかには、われわれの星の者も入ってはいるわけだな。

★七大天使　キリスト教の七大天使（ミカエル、ガブリエル、ラファエル、ラグエル、サリエル、ウリエル、パヌエル）は、エンリルが地球に飛来した際に一緒に来たとされるが、現在はイエス・キリストの弟子となっている（もともとはルシフェルも入っていたが、地球で地獄に堕《お》ちてサタンとなったため、パヌエルが入った）。

古代インカを攻撃《こうげき》したレプタリアンとの関係は？

質問者 「彦星《ひこぼし》、アルタイルの伴星《ばんせい》のレプタリアン（トカゲ型）が、リエント・アール・クラウド様のときにやって来て、『われわれは神である』と名乗った」ということをプレアデス星人から聴きましたが（110ページ参照）、そのあたりの真相は、どうなのでしょうか。

アルタイル星人 うーん……。まあ、何回にも分けて来ているし、それぞれ〝国籍《こくせき》〟が違うので、意見はいろいろあろうと思うけれども、あとから来て、もう住み着くところがないというか、ポジションが取れなかったのではないかと思うんだよな。

われらみたいに、古代から来ていて、神の一部になっていた者とは違い、そういう者たちは、「あとから来て、神として崇められようとした」と思うんだよな。

つまり、「最近、新参者《しんざんもの》が地球に来て、縄張《なわば》りを張ろうとしたが、『礼《れい》儀《ぎ》を知らん』ということで追い返された」ということだな。

「侵略《しんりゃく》に来たけれども、意外なことに、負けたんだよ」

質問者　主エル・カンターレへの信仰は、地球に来られたときに、すでにお持ちだったのでしょうか。

アルタイル星人　うーん、いや、侵略《しんりゃく》に来たんだよ。

「われらのほうが進化している」と思っていたし、「実際、そうだった」と思うので、侵略に来ましたよ。

侵略に来たけれども、意外なことに、負けたんだよ。

地球にも、意外に強い先発守護神がすでにいて、それにやられたんだ。折伏《しゃくぶく》された。それで、捕虜《ほりょ》にされてしまって、改宗させられた。改心させられて、鼻をへし折られたところがある。

質問者　それは、どのような意味で強かったのでしょうか。

アルタイル星人　すごい超能力かなあ。

われわれも種族的には、「単に、爪《つめ》や歯が強い」という、猛獣類《もうじゅうるい》、猛禽《もうきん》類の強さだけではなく、ある程度の霊的パワーというか、宇宙的パワーを持っているつもりではいたので、そういう自信はあった。

だから、念力《ねんりき》系はわりに強かったんだけれども、それより強いのが地球にいたんだよ。これは、ちょっと驚きだったなあ。

電撃《でんげき》ショックみたいなものを落としてきて、一瞬《いっしゅん》しびれるんだよ。それを受けると、しびれて瞬間的に失神《しっしん》するんだ。何秒か失神した間に、墜落《ついらく》してしまうんだよな。

質問者 それは、今で言うと、どういう人たちなんでしょうか。

アルタイル星人 え？ 陰陽師《おんみょうじ》だよ。

エル・カンターレを護《まも》るために、すでに、そういう念力集団がいたんです。だから、途中《とちゅう》で帰依《きえ》したんだ。「神様、仏様に仕《つか》える」ということで帰依をした。

「宇宙人リーディング」に登場する多様なる宇宙人

プレアデス星人のような人類型をはじめ、類人猿《るいじんえん》型や昆虫型、爬《は》虫類《ちゅうるい》型など、宇宙人は多種多様な姿をしている。

実は、地球上に存在する動物には、もともと他の惑星から来た宇宙人の肉体子孫が退化したものがいる。また、古代の恐竜や、龍《りゅう》や河童《かっぱ》のような伝説上の生き物にも、宇宙起源のものが多く存在することが判明してきた。「宇宙人リーディング」では、本章で紹介した以外にも、次のような宇宙人の存在が確認されている。

動物様《よう》の外見で人類に近い姿の宇宙人

ベガ星のブタ型、白鳥座のヤギ型、アルタイル星のネコ型、アンドロメダのヒョウ型、オリオン座のオオカミ型、ドゴン星の青いキツネ型など

人類型宇宙人（ヒューマノイド型）

金星人、オイロッパ星人、クラリオン星人、さそり座の宇宙人など

動物型宇宙人

金星のカエル型、木星のトド型、火星のニワトリ型、ベガ星のカピバラ型、キララ星のカメ型、マゼラン雲シルバーAのライオン型、クジラ型、ウサギ型など

世界各地に遺《のこ》る
宇宙人の痕跡《こんせき》と思われる
レリーフや壁画《へきが》

①アメリカ・ユタ州セゴキャニオンの壁画 ②オーストラリアのアボリジニの壁画 ③飛行機やヘリコプターのようなものが描かれている、エジプト・セティⅠ世神殿のヒエログリフ ④アッシリアの円筒印章に刻されたオアンネス(半人半魚の神) ⑤ナスカの地上絵の一つ

伝説上の生き物に類似した宇宙人

龍神型、金星の人魚型、魚座の河童型、蟹座のエルフ星人、麒麟《きりん》型、妖精型、ホビット型など

多様なレプタリアン種

ゼータ星のキングコング型・ゴジラ型・ワニ型・ゾウ型、白鳥座のε《イプシロン》の白虎型、アルタイル星の鬼型（映画「エイリアン」に登場するエイリアンに類似）など

もっとも目撃例の多い宇宙人・グレイ

ロズウェル事件以降、目撃情報も数多く、グレイは世界でもっとも有名な宇宙人と言える。「宇宙人リーディング」にもグレイは何度も登場しており、その役割や種類の違いなどが明らかになってきている。

● 外見

・体長は約 120cmで、頭が大きく、黒いアーモンド型の目をしている。
・体の色は、灰色のものが多く目撃されている。
・細部にはバリエーションがあり、頭部に触角がついているものや、頭の後ろが尖っているものなどが見つかっている。

● 性質

・グレイは特定の星に住む宇宙人ではなく、科学技術の発達した他の宇宙人が開発した作業用アンドロイドであり、さまざまな宇宙人の間で売買されている。
・宇宙には「グレイの生産工場」があり、機能や役割で価格や色に違いがあるという。例えば、ホワイトグレイは言語翻訳機能がついていて、通訳の役割も果たす。
・子供くらいの体力しかなく、腕も細くて筋力が弱いため、地球人の女性に殴られたくらいで死んでしまう。そのため、グレイは恐怖心が強く、地球人の前に姿をなかなか現さない。
・通常、アンドロイドのグレイに魂は宿っていないが、実績をあげ、進化したグレイには魂が宿ることがある。

● リーディングで判明したさまざまな役割

訪れた星の様子を探索するなどの「情報収集」／地球人をアブダクションして、チップ（観察標）を埋め込んだり、人体実験をしたりする“実行犯”／軍事施設などの作業要員／通訳機能／他の宇宙人との戦闘を代行／宇宙人の食料　など

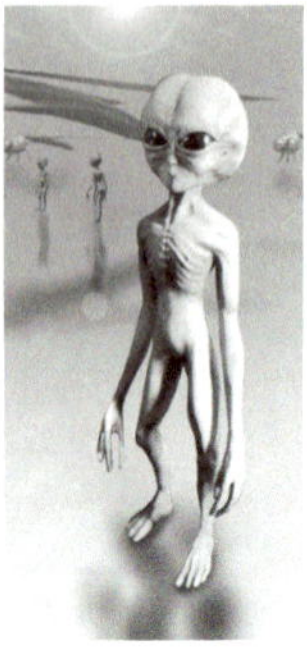

CHAPTER 7

地球を守る「宇宙連合」とは？

「宇宙人リーディング」や「霊言」で語られた
内容から見えてきた、「宇宙連合」（惑星連合）
の存在と役割。

1　宇宙人たちが語る「宇宙連合」「惑星《わくせい》連合」

READING 宇宙人リーディング

地球を見守る「宇宙連合」が存在する

プレアデス星人　宇宙には、悪質な宇宙人だけではなくて、「この銀河自体を発展・繁栄《はんえい》させたい。幸福なかたちに広げていきたい。そうした大調和をつくり上げたい」と、強く強く願っている者もいるわけですね。

それが、今、いわゆる「宇宙連合」というかたちで、ひとつ象徴《しょうちょう》的になっておりますけれども、私たちは、ずっとずっと地球を観察しております。

★本章中の「宇宙連合」と「惑星連合」は、ほぼ同じ意味で使われている。
★プレアデス星人　⇒ p.124

「惑星連合《わくせいれんごう》」を構成しているグループとは?

質問者 「惑星連合《わくせいれんごう》」という言葉があります。この連合に関してはご存じでしょうか。

白鳥座の宇宙人 ああ、知っていますよ。

何というか、まあ、仲の良いグループはありますね。プレアデスとか、ベガとか、ケンタウルスのα《アルファ》星とか、オリオンのほうとか、白鳥座のほうとか、ほかにも幾《いく》つかあるんですが、それらが特に仲の良いグループです。その八つぐらいの星の連合が、今、地球を主導的に防衛していると思うんですね。

それ以外にもいろいろいるのですが、このあたりが中心的に地球を守っていると思いますね。

★白鳥座の宇宙人　数億年前に孔子(p.41)と共にやってきた、ヤギのような顔をした二足歩行の宇宙人。

「危機のときには『惑星連合《わくせい》』が必ず助けに来る」

プレアデス星人　危機のときには必ず助けに来ると、そう思っています。

大川隆法　この十年ぐらいのうちに、もしかしたら、中国や北朝鮮《きたちょうせん》との関係で危険なことが起きるかもしれないという予言もありますが。

プレアデス星人　はい。そのときは、必ず……。

大川隆法　プレアデスのほうで何か考えているのですか。

プレアデス星人　はい。プレアデスだけじゃなくて、ほかの……。

大川隆法　惑星《わくせい》連合で何か考えているのですか。

プレアデス星人　はい。必ず守りに来ます。

大川隆法　それは、ありがたいですね。

最近、中国に、ある種の宇宙人が、しきりに技術援助《えんじょ》をしているという話もあるのですが、知りませんか。

プレアデス星人　ああ、そうですか。それは知りません。

大川隆法　それは違《ちが》う種類の宇宙人なんですね。

プレアデス星人　今年（二〇一〇年）の七月に中国に出たＵＦＯは、プレアデスのものです。

大川隆法　あれはプレアデスが脅《おど》したんですか。空港が閉鎖《へいさ》になっていましたね。

プレアデス星人　ちょっと、やりすぎてしまったかなと思いました。

大川隆法　あれは、警告したのですね。そういうことだったんですか。空港が閉鎖になってしまいましたが、脅かしたんですね。なるほど、そういうこともするわけですね。

ロシアの隕石粉砕《いんせきふんさい》には宇宙人がかかわっていた？

※月の裏側の遠隔透視《えんかくとうし》リーディング（52ページ参照）中に発見したレプタリアンと、ミューチュアル・カンバセーション（相互《そうご》会話）能力を用《もち》いて対話。

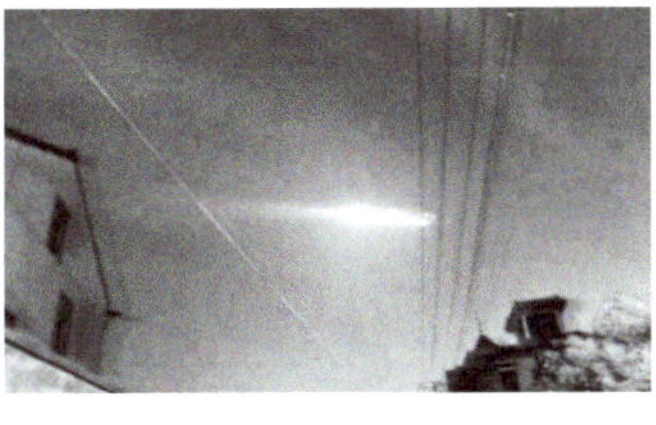

★中国に出たUFO　2010年7月7日20時40分、中国浙江《せっこう》省《しょう》の杭州蕭山《こうしゅうしょうざん》国際空港に長細く光る未確認飛行物体が現れ、空港が1時間にわたって閉鎖される騒ぎとなった。

質問者　先日（二〇一三年二月十五日）、ロシアのウラル地方のチェリャビンスクに隕石《いんせき》が落ちてきて、上空で爆発《ばくはつ》したということがありました。その隕石は、マッハ五〇のスピードで飛んできたと言われていますが、ああいう自然現象も左右できる力を持っているということでしょうか。

大川隆法　「その程度だったら簡単だ」と言っていますね。

「その程度の大きさのもの、十メートルや数十メートルぐらいの隕石のかけらの軌道《きどう》を変えたりするのは、簡単なことだ。

ただ、地球を滅《ほろ》ぼす規模のもの、要するに、『直径十キロを超《こ》えるような大きな隕石を、地球に衝突《しょうとつ》させるかどうか』というようなことになった場合には、地球防衛をしている人たちとか、それとは別の考えを持っている者とか、いろいろな者たちの意志が働いてくるので、ちょっと分からないところがある」と言っています。

「この前の、ロシアに落ちた隕石に関して、地球でも噂《うわさ》は出ているよ

★ロシアの隕石　2013年2月15日、ロシアのチェリャビンスク州付近に火球が落下。大惨事かと思われた直前、火球は分裂、消滅した。動画では、火球の反対側から発射された超高速度の何かが命中したように見える（丸枠内）。

うだけども、あれは、落下する直前に細《こま》かく砕《くだ》かれているはずで、それをやったのは、われわれではなく、地球防衛……」。

質問者 惑星連合の人たち。

大川隆法 「そうだ。そのなかの人がやっている。あまりの速さに、あなたがたには、おそらく分析《ぶんせき》できないだろうけれども、剣《けん》の『抜《ぬ》き打ち』のような感じで、一瞬《いっしゅん》で砕いて小さくし、被害《ひがい》を小さくしている。まともに当たっていれば、多くの人が死んでいたはずだ」と言っていますね。

「あれは、地球に住んでいるというか、すでに、地球の防衛任務に就《つ》いている宇宙人の仕事だ。『月の宇宙人』というよりは、実際に、地球防衛をやっている宇宙人の仕事だと思う」と言っています。

2 女神《めがみ》アテナが語る「地球防衛の条件」

REIGEN 霊言

「一定以上の介入《かいにゅう》に対しては『ノー』を言う必要がある」

アテナ　今のところ、いちおう宇宙協定があって、「その文明の進化に直接的な影響《えいきょう》を与《あた》えるような、ダイレクトな指導はしない。間接的に指導するという手段をとるように」とは言われております。そして、「その文明が滅亡《めつぼう》するようなときには、何らかの介入《かいにゅう》をしてもかまわない」ということになっております。

レプタリアンが、自分たちで、あるいはグレイを使って、アブダクションといいますが、人類をさらうことがあります。

「これが、いわゆる調査・実験として許されている範囲《はんい》内なのか、それを超えているのか」ということが一つの議論としてあります。

アテナ（紀元前1600年頃）
古代ギリシャに実在した王女にして勇者。ゼウスの娘。ギリシャ神話では、知恵や芸術、戦略を司《つかさど》る女神とされる。魂グループの仕事として、宇宙に2つの植民惑星を持ち、守護・指導している。

調査・実験の範囲内であれば、調査捕鯨《ほげい》のようなものなので、許されるのですけれども、実は、調査に名を借りた侵略行為《しんりゃくこうい》であるのであれば、許しがたいものがあるのです。

先ほど、「湾岸《わんがん》戦争、イラク戦争の復讐《ふくしゅう》として、アメリカ人を発狂《はっきょう》させるべく、アメリカ人に睡眠《すいみん》障害、情緒《じょうちょ》障害等を起こして、文明の滅びを目指している」というようなことを言っている方もいましたけれども（164ページ参照）、こういうことが一定の限度を超えた場合には、宇宙人であっても、やはり許しがたいものがございますので、一定以上の介入に対しては「ノー」を言う必要があると思います。

「宇宙的に見て地球のほうが優《すぐ》れているものもある」

アテナ　これに「ノー」を言う方法があるんです。

今の地球人は、科学技術文明礼賛《らいさん》で、一種の〝科学技術教〟に染まっていますけれども、科学技術を信仰《しんこう》するだけであれば、要するに、地球に来ている爬虫類《はちゅうるい》型宇宙人であろうと、それ以外の宇宙人であろうと、「神」になってしまいます。

しかし、宇宙的に見て地球のほうが優《すぐ》れているものもあるのです。実は、文化的なもの、政治や宗教などの伝統的なものについては、宇宙的に見て優れているところが多いので、こうした価値観への信仰を、もっと強く持たねばならないと思うものであります。

ですから、「いかに科学技術が進んでいようとも、あなたがた宇宙人には後《おく》れているものがある。もっと、愛や慈悲《じひ》、あるいは徳といったものを学ばなければ、あなたがたは劣等《れっとう》民族なのだ」というようなことを、強く信念として持っておりますと、それが一種のバリアのような役割を果たして、手を出しにくい感じを与えるわけです。

それは一種の高貴な雰囲気《ふんいき》と言いましょうか。一種の貴族のように見え、手が出しにくく、「自分たちが飼育している動物だ」というような、傲慢《ごうまん》な考え方ができなくなってくるのです。

彼らにも、「そのへんは自分たちのほうが劣《おと》っている」と感じているところがあります。残忍《ざんにん》性、凶暴《きょうぼう》性が抜け切らないでいるので、それを抜け切るために、実は地球に魂修行《たましいしゅぎょう》をしに来ているんです。

けれども、愛や慈悲が身につかず、やはり、破壊力《はかいりょく》の強さや攻撃力《こうげきりょく》の強さ、あるいは医学的なものの強さを誇《ほこ》っているところがあるわけですね。

宇宙人の侵略行為《しんりゃくこうい》に対して「バリア」を張る方法

アテナ　これに対して、地球人としての信念と自覚を持つことが大事です。

万一《まんいつ》、宇宙人との間に、実験用の子供がつくられるとか、「何度も何度も拉致《らち》されては、動物のように実験されたり、体を調査されたりしている」とかいうことが、地球的に言って、人権に反するレベルにまで達しているのであれば、これは撃退せねばならないので、主エル・カンターレの名の下《もと》に、しっかりと祈《いの》りを捧《ささ》げるとよいと思います。

そうしますと、一種のバリアのようなものが家全体に張り巡《めぐ》らされ始めます。そして、彼らが持っている思いのなかに邪悪《じゃあく》なものが入っている場合には、その部分が弾《はじ》かれると同時に、霊界《れいかい》においても、宇宙人との調整を執《と》り行っている人たちによって、その行為《こうい》がキャッチされるので、介入を受け、抑止《よくし》されるようになると思います。

ですから、そんなに恐《おそ》れる必要はありません。

宇宙には、たくさんの星があり、たくさんの宇宙人が地球に来ておりますので、本格的な侵略《しんりゃく》ということであれば、ほかの宇宙人たちが許さなくなります。

恐れることなく、「それが何のためになされているのか。それがなされることが正義であるのか」ということを、やはり、きっちりと認識することが大事です。知らないことに対しては恐怖心《きょうふしん》が起きますが、それがよくないと私は思います。

3 宇宙連合の指導者が語る「宇宙連合の秘密」

宇宙からのメッセージが届かない日本

READING 宇宙人リーディング

宇宙連合の指導者　ＵＦＯは、かなり日本に現れていて、宇宙人との遭遇《そうぐう》もそうとうあるんですけれども、日本では、あなたがたの言っていることが、なかなか伝わらないというか、常識的なものとして捉《とら》えられないため、宇宙からのメッセージが届かない。これが日本の特徴ですねえ。〝一パーセント〟も届かないんです。

質問者　逆に言えば、われわれ地上の人間としては、（地球人との）コンタクト専門の（宇宙人の）方と何らかのかたちでコンタクトが取れるような状態をつくっていくことが、これからの新しい科学技術の進歩につながるのではないかと思うんですが……。

◀映画「UFO学園の秘密」（大川隆法製作総指揮）に登場するインカール。

宇宙連合の指導者
アメリカのフロリダ上空で、宇宙船のなかから地球を見守っている、「インカール」と名乗る宇宙人。「馬《ば》頭観音《とうかんのん》」に似た星雲（馬頭星雲）の出身と思われる。

宇宙連合の指導者　簡単ではないと思うんですよ。

質問者　簡単ではない？

宇宙連合の指導者　もし、リアリティーのある記憶《きおく》があり、コンタクトの内容を理解していたとしても、それを発表して他の人に信じさせることができない。そういう人たちは、みんな、「奇人《きじん》・変人」か「狂人」ということにされるため、やっぱり、残念ながら機能できない。

自衛隊には、宇宙人情報というか、UFO情報はかなりあるし、UFOとの接近遭遇経験もずいぶんある。

（地球では）謎《なぞ》の墜落《ついらく》事故、「なぜか事故が起きた」というようなこともそうとうあるんだけど、みな、「何かのトラブル」ということで処理してしまっています。

「オスプレイが墜《お》ちた」などと言っても、それが本当に操縦《そうじゅう》ミス等で墜ちたのかどうか、分からないところはあるわけですよね、実際上は。

だから、そういうものは、みな、「事故」ということで処理されてしまうんですけれども、「事故」ではなくて「事件」であることもよくあるんです。

特にアメリカの場合には、「事故」ではなくて「事件」が多いんですね。

宇宙船、円盤《えんばん》系が出現した場合、彼らはね、執拗《しつよう》に追ってくるんですよね。もう、ある程度、ＵＦＯの存在を知っているので、執拗に追跡《ついせき》してくるところが彼らにはある。今、一生懸命《いっしょうけんめい》、そこまでレベルを上げようとしているんですよね。

ただ、あまりにもしつこい場合、（追跡された宇宙人の）性格によっては、それを振《ふ》り落とそうとしたときに〝事故〟が起きて、彼らが墜落するようなことが起きるんです。無理に追跡しようとして〝事故〟が起きることが多いんですね。

カナダの元国防大臣ポール・ヘリヤー氏は、幸福の科学のネット番組「THE FACT 異次元ファイル」の独自取材に応え、アメリカの高官と他の恒星系から来た宇宙人との会合が行われていたことなどを明かした。

アポロ計画で「戦慄《せんりつ》の恐怖《きょうふ》」を味わったアメリカ

質問者　アメリカは、月への有人飛行で頑張《がんば》っていたのに、アポロ17号で「アポロ計画」が止まってしまいました。

宇宙連合の指導者　ああ、それは経験していますね。

質問者　アポロで？

宇宙連合の指導者　ええ。彼らは「戦慄《せんりつ》の恐怖《きょうふ》」を味わっているので……。

　というか、あまりの「科学技術の差」を知ってしまったため、それをディスクロージャー（情報公開）して、国民なり世界の人なりに知らせたときの衝撃の大きさに耐《た》えられないわけです。

　それは、『政府は何をしているんだ。軍は何をしているんだ』というような突《つ》き上げを受けても、とうてい、どうにもならない」っていう感じでしょうか。

★「アポロ計画」は当初、アポロ20号まで予定されていたが、1972年12月に月面着陸したアポロ17号（右写真）で打ち切られ、18号以降の飛行は公式にはキャンセルされた。その原因は、月面での“ある体験”にあると言われている（前掲『ダークサイド・ムーンの遠隔透視』参照）。

地球の自治は宇宙連合の管理下にある?

宇宙連合の指導者　今、アメリカには世界を背負っている気持ちがあるのですが、そのアメリカの軍であっても、宇宙人は、もはや手に負えないレベルであった場合、世界のどこも手が出せない状況《じょうきょう》ですよね。

今、中国なんかは極《きわ》めて能天気《のうてんき》にやっていて、宇宙に出ることを、ただ喜びとしてやっておりますが、そのあとに来るものを、まだ彼らは十分に分かっていない。アメリカは、もうすでに分かっているんです。「一定レベルを超えたら干渉《かんしょう》が始まる」っていうことを知らなければいけないんです。中国は、これから、それを経験するでしょうね。

ロシア、(旧)ソ連も、もうすでに経験しています。

神の領域じゃないけれども、宇宙人の領域に入ろうとしたときには、一定のバリアがあるんです。

地球には自治は与えられているんだけど、それは「大学の自治」のようなものであり、〝学内〟では自治は許されていても、外に出たら、その自治権はないわけです。

だから、「宇宙においては地球人の自由にはさせてもらえない」っていうことを、やっぱり知らなければならないんですね。

今、アメリカを中心に、宇宙の探検をやっていて、中国もロシアもやっているけれども、全部、私たちの情報統制下っていうか、管理下にありますから、どこで何をやっているか、すべて把握《はあく》しています。

「地球を庇護《ひご》するものの中心」は、二、三千年周期で交替《こうたい》する

宇宙連合の指導者　やっぱり、「技術のレベル」とですね、「認識力や意識のレベル」とが、ある程度、釣《つ》り合っていなければいけないんですよね。

知能は低いのに、軍事的技術だけがものすごく進むとか、科学技術が進みすぎるとか、そういうことになると、やっぱり、危険な領域に完全

に入るので、われわれのコントロール下にまだあるんですよね。

地球はまだ、宇宙連合に入れるだけのところまで文化水準が来ていないので……。

質問者 それは、技術だけではなく、精神性において？

宇宙連合の指導者 うーん。全体においてねえ、まだ入っていない。だから、まだ庇護《ひご》されているんですよね。

庇護しているもののなかで、ときどき、その中心になるものが替《か》わるので、「どこの人が中心になるか」っていうことで、ちょっと変わって、地球の文明に影響が出ることもあるんですけれども……。

質問者 どこの宇宙の方が中心になって見ているかによって、影響がある？

宇宙連合の指導者 ときどき交替期《こうたいき》がある。周期があって、だいたい、二、三千年ぐらいで交替期が来るんですよね。

宇宙連合は「宇宙の進化速度」を調整している

質問者　今は、どちらの星の方が中心なんでしょうか。

宇宙連合の指導者　うーん。これは、明かしていいのかどうか、ちょっと分からないんですけどね。

日本という国の後れは少し激しいんでね、困ってはいるんですよね。今、「日本の神々」というか、そういう高級霊界の人々の意識変革まで起こそうとしてはいるんですけれどもね。そこまで変革させないと、「宇宙時代」には入れない。

質問者　「日本が、それだけ鍵《かぎ》を握《にぎ》っている」ということですね？

宇宙連合の指導者　まあ、その予定ではあるんですけど、ちょっと後れが激しく、アメリカの衰《おとろ》えも少し始まってはいるので、「このままで行くと、地球の運命が四分五裂《しぶんごれつ》する可能性がある」っていうことですね。

私たちは「宇宙の進化速度」を調整しているので……。

質問者 宇宙連合の人が、「宇宙の進化速度」を調整している?

宇宙連合の指導者 そうです。特に、「地球の進化速度」の調整を、今やっているところなのです。

地球のなかで、いろいろな国のバランスが非常に悪いのでね。後れているところは、すごく後れているし、進んでいるところは、ものすごく進んでいる。地球的には、「経済の貧富《ひんぷ》の差」のようなことで言われるのかもしれないけれども、「科学技術的なもの」や「魂の意識的なもの」のレベル差が、かなり激しいんですよねえ。

だから、地球的にいろいろな経験を積み、魂的な修行で先がなくなった人は、もう地球に生まれなくて、宇宙のほかの星のほうに生まれます。そういう人もいっぱいいらっしゃるんですよね。

そのへんの整理を、地球霊団《れいだん》のなかで宇宙にかかわる霊たちと、われわれとの間で調整することはあります。

4 アンドロメダの総司令官が語る「宇宙の正義」

READING
宇宙人リーディング

「『宇宙の正義を守る』ということに、強い正義感を感じています」

総司令官　やはり、宇宙にも正義があるんですよ。「許していいこと」と「許してはいけないこと」があるのです。

宇宙人には、その姿形《すがたかたち》は違えども、それぞれ、幸福に生きる権利があるんですよ。だから、「自分たちと姿形が違うから劣っている」とか、「食料にする」とか、一方的に決めつけるような考え方は、許しがたいものがありますね。

私は、「守るべきものを守る」「宇宙の正義を守る」ということに対して、強い正義感を感じています。やはり、「宇宙において、悪は許すまじ」と思っておりますので、宇宙的正義の実現ということを、強い使命

アンドロメダの総司令官
アンドロメダ銀河の「M34」と呼ばれる星から、約3億年前に、「正義の教師」として地球にやってきた宇宙人。外見は、あえてたとえるとすると、「巨大な熊」のような存在感があるという。

として担《にな》っています。

われらは今、「宇宙における悪の軍団は絶対に許さない」という強い意志の下《もと》で結束し、戦おうとしています。

「悪質宇宙人を指導している者」がいる?

質問者　その敵と思われる者たちは、悪質なレプタリアンと考えてよろしいのでしょうか。それとも違う存在でしょうか。

総司令官　レプタリアンと呼んでもよいのかもしれないけれども……。

まあ、あなたがたはまだ知らないだろうが、宇宙にも、「われわれが正義と考えている考え方を信奉《しんぽう》する勢力」と、「まったく違った思想でもって宇宙を統治しようとする勢力」とがあるんですよ。ですから、われらから見れば、邪悪なる神、つまり「宇宙の邪神《じゃしん》」がいて、彼らはそれを信奉していると見ています。

★アンドロメダ銀河　私たちが住む天の川銀河から約250万光年の距離にある、天の川銀河の約2倍の規模の渦巻銀河。現在、秒速約100kmのスピードで天の川銀河と接近しており、40億年以内に衝突が始まると予測されている。

その指導の下に動いているので、ここを徹底《てってい》的に正義の秤《はかり》にかけて測らねばならないと思っております。

少なくとも、彼らには、「強さ」を正義と考えているところがあります。

もちろん、正義のなかには、強さも必要だと思います。やはり、強くなければ、人を救えないし、弱い人たちや困っている人たちを助けることもできません。愛や慈悲の行為というのは、強ければこそ行えるものですね。私はそう思っていますよ。これが私の強さの定義です。つまり、私は、「多くの人たちを助けるためにこそ、強くなくてはならない」と理解し、定義しているのです。

しかし、そうではなく、いわゆる弱肉強食的なものの考え方をしている者たちがいます。

宇宙のなかには、そういう考えの発信源なる邪神がいて、「強い者は、弱い者を支配してよい。食料にしようと、生贄《いけにえ》にしようと、滅ぼそうと自由だ」というような考え方を持っている者たちがいるのです。

私は、「宇宙の、より多くの知的生命体たちの進化と発展を願って、彼らを幸福にすることこそ、やはり、優れたる者、進化したる者の使命だ」と考えておりますので、この邪神の考え方は、断じて、宇宙的正義に適《かな》わないと思っております。

レプタリアンが信仰《しんこう》している「宇宙の邪神《じゃしん》」とは

質問者 「レプタリアンの奥《おく》に、『邪神《じゃしん》』と言われるような〝神〟がいる」ということなのでしょうか。

総司令官 そうですね。だから、爬虫類の姿だけを見てはいけないと思いますね。彼らが信仰《しんこう》しているものがあるのです。

彼らは、その信奉するものの指揮命令系統の下に動いているので、私は、この本丸《ほんまる》を粉砕《ふんさい》することが、自分の使命だと思っております。なかなか、そこまで近づけずにいますが、何とかして、そこまで戦いを挑《いど》まねばならんと思っております。

質問者　それは、どのような〝神〟であると認識されているのでしょうか。

総司令官　うーん。まあ、地球的言葉では、「アーリマン」と呼ばれている存在だと思いますね。

闇《やみ》の存在ですね。だから、仮に〝アーリマン〟と呼んでいいと思います。彼らはアーリマン信仰をしていますね。

一方、私たちは光の信仰を持っています。

質問者　その〝アーリマン〟という存在は、天《あま》の川《がわ》銀河にある太陽系の地球に、今、何らかの影響を直接及《およ》ぼしているのでしょうか。

総司令官　やはり、あちこちに出没《しゅつぼつ》しています。それは、いまだに、完全には死滅しておりませんので、その分身を送っては、いろいろな時代にいろいろな混乱を起こしていると思います。

私は、最終的には、この「宇宙の邪神」を打ち砕くことこそ、生命体としての私の使命であると理解しております。ただ、かなりの部分で、

★アーリマン　ゾロアスター教に出てくる悪神《あくじん》。善神《ぜんしん》オーラ・マズダと対立関係にある。ただし、このリーディングに出てきたアーリマンと同一存在であるかは不明。

戦いには勝利してきています。

質問者 では、〝アーリマン〟は、悪質なレプタリアンの〝神〟と考えてよいのでしょうか。

総司令官 まあ、レプタリアンではないものも入っている。レプタリアンではなくとも、その思想に染まっている者は、けっこういる。要するに、「長いものには巻かれろ」という考え方かな。〝草食系〟の弱い者たちのなかには、敵《かな》わないので、そういう者に帰依《きえ》をし、ただただ従っている者もいる。

だから、平気で彼らに追随《ついずい》し、平気で自分たちの仲間の内から弱い者を身売りして、食料にでも生贄にでも提供しているような人たちもいますよ。もうすでに白旗を揚《あ》げた人たちですね。

しかし、われわれは許さない。断じて許さない。

それぞれの星の悪魔《あくま》たちは「裏宇宙」でつながっている？

質問者　レプタリアンの星から地球に来て、悪魔《あくま》になった者（ルシフェル）がいます。こうした者と、今おっしゃった〝アーリマン〟というのは、何か関係はあるのでしょうか。

総司令官　うーん。だから、まあ、地球で起きたことはねえ、宇宙では、もっと昔に何度も起きているんですよ。地球で起きたことが、全宇宙の歴史のなかで初めて起きたわけでは、当然ないのです。

　そういう意味では、やはり、裏から糸を引いている者が存在すると思いますね。神の力がこれだけ強くても、地獄《じごく》が消滅せず、また、悪魔が存在し続けている理由として、「異次元世界のなかに、何か、つながりのあるものがある」と考えてよいと思います。

　あなたがたが見ている宇宙、すなわち、たくさん星が見えている三次元の宇宙以外に、もう一つ、「裏側の宇宙」「反宇宙」というものがある

★ルシフェル　３億数千年前に、エンリル（p.162）の直属の部下としてマゼラン雲から地球に飛来。地球人として転生《てんしょう》を重ねるなかで、約１億2000万年前、地上にサタンという名で生まれたときに堕落し、死後、ルシファーという名で地獄の帝王となった。

んですよ。表側の宇宙と非常によく似たかたちをしている別の宇宙がもう一つある。その反宇宙のなかに、闇の帝王《ていおう》のすみかがあるのです。

二つの宇宙は、普段《ふだん》は交わらないのですが、宇宙空間の一部には、両者が部分的に交わり、裏側から表側に出てこれる所があるんですね。そこで、いろいろと軋轢《あつれき》が生じるのです。

幸福の科学では、「彼らは天上界《てんじょうかい》から堕《お》ちて、地獄の悪想念《あくそうねん》をエネルギーとして生きている」という説明の仕方がなされていますが、エネルギー源はそれだけではないでしょう。それだけで、これほど長い間、戦い続けることはできません。悪魔になっている者たちは、やはり、ほかの星にもいるわけであって、そういう者たちの裏の連帯は必ずあると私は思いますね。

地球を守る「宇宙連合」を守護している存在

総司令官 宇宙というのは、たとえて言えば、フランスパンのような構造なんですよ。フランスパンを切ると、穴がたくさんあいていて、その穴の所で表側と裏側がつながっていますよね。それと同じように、宇宙には、裏側から表側に出てこれる所があるのです。

まあ、たまには表側に出てきても構わないんですけれども、「彼らの価値観をメジャーなものにさせない」という一線は、断固として守らねばならないと思っています。

そうしなければ、地球を守っている宇宙連合、これは私が守っているものですが、あなたがたが機嫌《きげん》よく過ごしておられるところのプレアデスやベガの人たちあたりの戦闘力《せんとうりょく》では負けてしまいます。だから、彼らが幸福に暮らすためには、われらがカチッと戦わないといけないのです。やはり、「宇宙の正義を達成するために戦っている者がいる」ということを、忘れてはならないですね。

今、地球系霊団は、プレアデスを非常に愛していると思うけれども、まあ、プレアデスのような美と愛と調和の星は、実際、攻《せ》められると弱いですよ。こういう人たちは戦えないではないですか。本当に、日本の自衛隊ぐらいの力しかありませんよ。だから、われわれが守護しなければ駄目《だめ》なのです。

私は、今回、こうして出てきたわけですが、今、アーリマン的な存在が増幅《ぞうふく》してきているので、それを何とかして調伏《ちょうぶく》しなければならないと思っています。

COLUMN 14

アトランティスの大導師トスが語る「裏宇宙」と「パラレルワールド」

星にも「転生輪廻《てんしょうりんね》」がある?

質問者　最近の当会の法で新しく説かれていることとして、「パラレルワールド」の概念《がいねん》が出てきているのですけれども、「裏宇宙」とは、そのようなことを意味しているという理解でよいのでしょうか。

REIGEN 霊言

トス　ですから、「ブラックホール」の研究を通してですねえ、例えば、地球ぐらいの星でも、これがグーッと縮んでいって、縮んでいって、縮んでいって、どのくらいでしょうかね。まあ、梅干《うめぼ》しぐらいの大きさになったら、ブラックホールになるんですよ。

★トス　⇒p.73、p.96

ブラックホールになって、これはもう重力《じゅうりょく》を曲げてしまう。重力も光も曲げてしまって、エネルギーも全部吸い込《こ》み始めるので、天体望遠鏡で観察したら、光が吸い込まれているわけですから、もう見えない。真っ暗い〝点〟になっていくわけですね。

ですから、単なるマイナスと思われていたものでも、実は、その大きなものが収縮してグーッと一点になって消えていくようになります。「死」ですよね。「星の死」が来るわけです。

ただ、「『星の死』と『超新星爆発《ちょうしんせいばくはつ》』、そして『新しい星の誕生』とが、実はつながっている」ということなんですよ。つまり、「星が転《てん》生輪廻《しょうりんね》している」ということが分かっているわけなんですね。

いったん三次元に出ている星がブラックホール化してくるんですよ。星がブラックホール化していくときには、周りのものも吸い込んでいき始めます。

例えば、太陽がブラックホール化していくんだったら、惑星《わくせい》等も、当然ながら、全部、吸い込まれていくはずですので、そのときに、みんな、穴のなかへ落ちていくように消えていきます。

それで、いったん、なくなったように見えるんですが、そのあと、反対側のところに新しい星が生まれてくるんですよね。

だから、その「死」と「生《せい》」には、実は転換《てんかん》されてくるものがあるんですね。つまり、宇宙の星の間でも、実は常に「転生輪廻」が行われていて、何十億年とか、百億年とかいう一定の使命を終えたら、転生輪廻しているんですね。

〝楽屋裏《がくやうら》〟の部分に当たる「パラレルワールド」

トス そのために、質量がゼロになりますし、あるいは、すべてのものを吸い込んでいってマイナスになったら、「いったい何が、そこで起きるか」ということですね。

これは、要するに、全部が逆流し始めますので、重力も、それから光も、それから熱も、全部、吸い込んでいきます。実は、「時間」も吸い込んでいき始めるのです。

ですから、人間で言えば、「母の子宮から生まれて、この世で人間として一生を送った」と思ったものが、その吸い込みが始まりますと、年を取って八十歳《さい》の老人になっていた人に、どんどんどんどん若返りが始まって、最後は母の子宮のなかへ入って点になり、それで消えるところまで行って、その前に戻《もど》り始めるんですよね。

だから、このパラレルワールドといわれているものの正体は、実は「〝楽屋裏《がくやうら》〟の部分」ということになりますね。みんなが見ている〝表舞台《おもてぶたい》〟が表宇宙ですけれども、〝楽屋裏〟の部分があるわけです。

まあ、「生《しょう》・老《ろう》・病《びょう》・死《し》」の、その間にあるもの、「生」と「死」の、その間にあるものがあるんです、残りがね。そこがパラレルワールドの世界で、これは星の世界にも、宇宙空間にも存在する。

星の「転生輪廻《てんしょうりんね》」

宇宙の星には、人の一生のように、誕生→成長→衰退→死のサイクルがある。そして、肉体に宿る魂《たましい》が何度も生まれ変わるように、星にも転生輪廻のサイクルがあると考えられる。

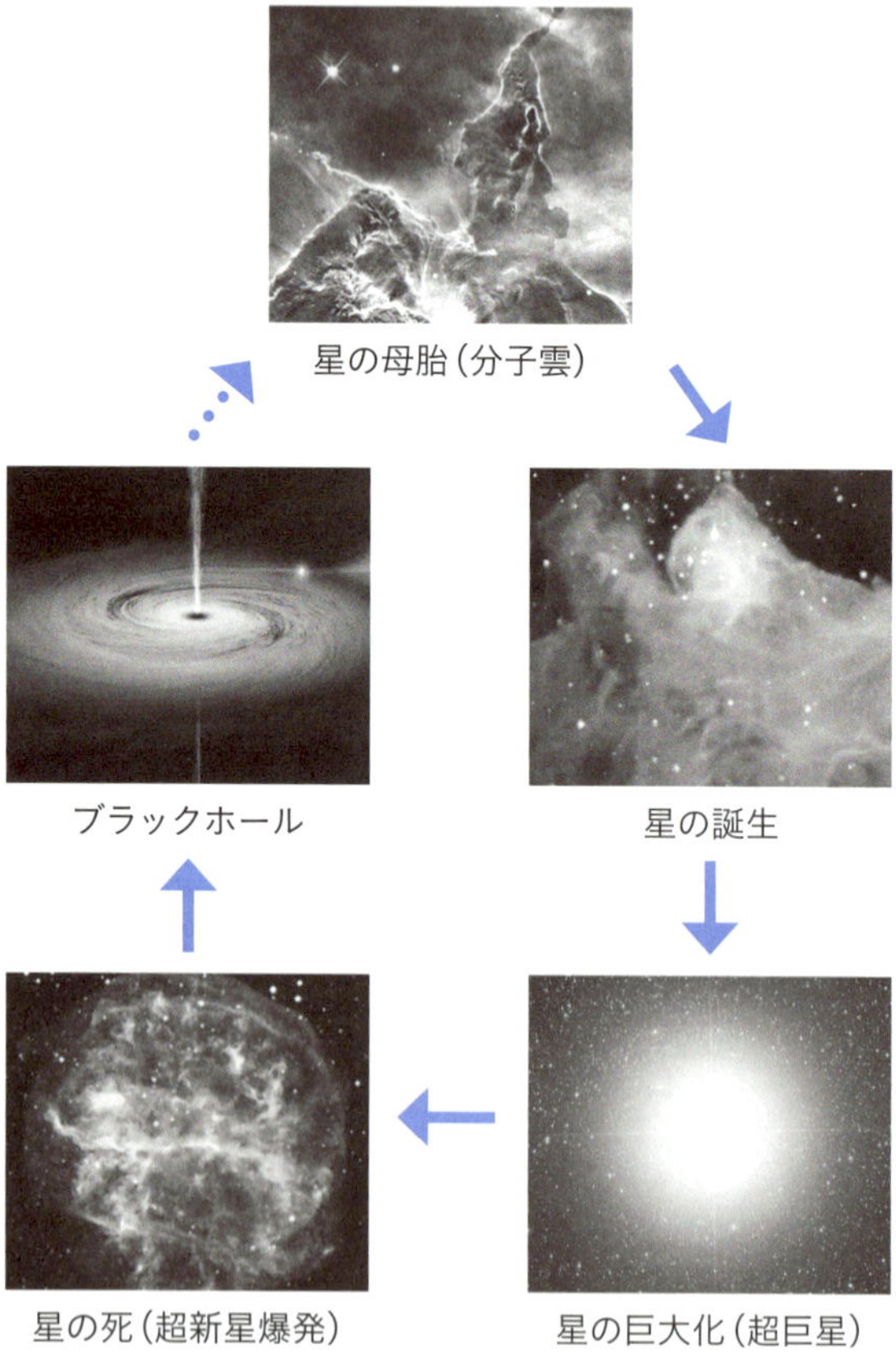

恒星の一生は質量によってさまざまな過程をたどる。太陽の質量の30～40倍の恒星の場合は、超新星爆発のあと、ブラックホールとなる。

参考書籍：前掲『トス神降臨・インタビュー アトランティス文明・ピラミッドパワーの秘密を探る』

パラレルワールドは三次元？　四次元？

トス　それで、それは、必ずしも霊界《れいかい》と同じものではないんです。

質問者　「同じものではない」ということは、要するに、「三次元的に存在している」ということですか。

トス　三次元と言えるかどうか微妙《びみょう》なんですけども。

あなたが、何をもって「三次元」と言うかは、ちょっと分からないんですが、例えば、定規を持って、縦・横・高さを測れる世界を「三次元」と言うなら、あなたの持っている定規では測れないので、それは三次元ではない。

ただ、いわゆる「霊界」という意味での、四次元ではない世界ですね。

もし、あなたが「虚数《きょすう》を目盛《めも》りに持ったものさし」を持っているなら、「縦・横・高さがある世界」です。

アインシュタイン以上の頭脳がないと理解できない「宇宙の秘密」

質問者　「過去に戻ってまたやり直して、また戻って……」というかたちで世界が増えていく感じなんでしょうか。

トス　うーん、今、あなたは、「宇宙の本当の秘密」を聴《き》いているわけだから、理解が難しいのは分かるんですけれども……。

今の物理学者たち、あるいは宇宙物理学者たちが研究しているところの「インフレーション宇宙」とか、「ビッグバン宇宙」とかでは、「一点が爆発して大きくなり、広がり続けている。星の間が広がり、銀河は遠ざかっていっているから、その速度から見て、百三十七億年前に、宇宙の一点が爆発して広がった」と言っている。

分かったような説明をしていますけど、「今、星と星の間が広がっているから、大きくなっているんだろう」と見ているだけのことです。

もっと大きな話をすれば、それを言っている人たちは、私たちから見ると、「ボール紙を丸めて、そのなかにロウソクを灯《とも》して光を照らし、光が前にバッと広がっている。そして、そこで見えている世界が『世界だ』と言っている」というような感じでしょうか。

たとえて言えば、そんなようなかたちです。

「それ以外の世界は、いったい、どうなっているのでしょうか」というところに対しては、「答えがない」ということですね。

だから、「宇宙の創世」を語ると、アインシュタインより上の頭脳がなければ説明ができなくなるんです。

「地球人」としての目覚め

地球より進化した星は必ず存在する

夜の星空を見上げると、われわれが住む銀河系ぐらいの規模の銀河は、数えることができないほど数限りなくあります。その数を確定することなどできません。

「それだけ数多くある銀河の中で、人類のような存在は、この地球だけにしかいない」と考えることこそ、まことにまことに異質で異常な〝信仰《しんこう》〟と言わざるをえないでしょう。もっと強く言うならば、あまりにも傲慢《ごうまん》な考え方だと私は思います。

「宇宙には、何億個、何千億個、あるいは、それ以上の星があるでしょうが、その中に、地球のような星はただ一つしかなく、人類は地球人だけだと思っているなら、その考え方は間違《まちが》っています」と私は述べたいのです。

他の星にも人類同様に知能の発達した人たちは住んでいて、この地球よりも、はるかに進んだ文明の中を生きている人たちもいます。地球より優《すぐ》れた文明の中で生きていなければ、はるかなる時空間を超《こ》えて地球にやってきたりすることはできないはずです。

人類との交流を待ち望んでいる宇宙人たち

人類は、今、宇宙ロケットを発射し、宇宙に進出しつつあります。もう少しで、地球人は宇宙人と対等の立場で交流ができるようになります。そのときが来るのを、宇宙人たちは、かたずをのんで待っているのです。

したがって、宇宙の人たちとも話し合えるレベルまで、人類の文化レベルを進化させることも、私の使命の一つです。

現在、すでに数多くの宇宙人が地球に来ています。また、過去の文明においても地球に入り込《こ》み、もはや地球人として住んでいる宇宙人も大勢いるのです。

これを伝えるのは、たいへん勇気の要《い》ることだと思います。しかし、乗り越《こ》えなくてはなりません。

「未来への遺産のために、将来の人類が生き延び、生き残るために、これを伝えていかなくてはならない」と、私は強く強く願っているのです。

「新しい地球人」として目覚めよう

「われわれは、宇宙の中に浮《う》かぶ小さな地球に住む、小さな生命体ではない」ということと、「宇宙には、神に対する信仰心を持った人たちが数多く存在している」ということを述べておきます。

宇宙人は、やがて実在化して地球人の前に姿を現し、地球人に交流を求めてくるでしょう。そのときは迫《せま》っています。そのときのために私は教えを説いているのです。

この話を嘲笑《あざわら》う人もいるでしょう。しかし、嘲笑う前に、どうか、心を開き、素直《すなお》な心でもって受け入れてください。こういうことは今までに学んだことがないはずです。知らないだけなのです。知らないことによって善悪を裁くのはやめましょう。真偽《しんぎ》を裁くのをやめましょう。

そして、未知なるものを受け入れましょう。「未知なるものの中に未来は確かに開けていくのだ」ということを、どうか信じていただきたいのです。

それが、「地球人へのパラダイムシフト」、すなわち、「地球人としてのものの考え方を根本的に変えよ」というメッセージでもあるのです。

どうか、「新しい地球人」として目覚めようではありませんか。そして、未来の人類のために立ち上がろうではありませんか。

あとがき

現在の日本の教育や、マスコミ情報から「常識」を形成していると、本書の内容は、全《まった》く予備知識のないものだらけだろう。しかし、世界の先進各国は、水面下でＵＦＯと宇宙人の研究を進め、未来の科学技術、軍事技術に応用しようとしている。航空自衛隊やＡＮＡ、ＪＡＬのパイロットであっても、ＵＦＯ目撃情報を本部に伝えると、地上勤務に回され、精神鑑定《せいしんかんてい》を受けさせられる日本とは大違いだ。

私ども幸福の科学も、約三十年近い活動の実績を背景に、次なる〝タブー〟を破るべく、本格的な挑戦を始めた。他意《たい》はない。未来への貢献《こうけん》がしたいだけである。信じるも信じないのも自由であるが、今そこにある現実から目をそむけるのは、賢《かしこ》い人の生き方ではない、とだけ言っておこう。

二〇一五年　八月二十五日

幸福《こうふく》の科学《かがく》グループ創始者兼総裁《そうししゃけんそうさい》　大川隆法《おおかわりゅうほう》

『ザ・コンタクト』出典一覧

Prologue 「宇宙人とのコンタクト」がもうすぐ始まる ……『ユートピア創造論』126、127、128〜129ページ

CHAPTER 1 「宇宙時代」の幕開け

1 「宇宙人情報」で後れをとっている日本 ……『「不滅の法」講義』月刊「幸福の科学」305号※

2 「人類の本当の歴史」が今、明らかになりつつある ……『「不滅の法」講義』月刊「幸福の科学」305号※

3 地球人が宇宙人と交流するための条件とは？ ……『「不滅の法」講義』月刊「幸福の科学」305号※

4 宇宙をルーツに持つ生命体が地球上に存在する？ ……『「不滅の法」講義』月刊「幸福の科学」305号※

5 いま地球には、どんな宇宙人が来ているのか ……『ユートピア創造論』127〜128ページ

6 人類が直面する新たな課題とは？ ……『「信仰のすすめ」講義』13〜14ページ※

7 地球に飛来している宇宙人の特徴や目的を知ろう ……『「信仰のすすめ」講義』14〜16ページ※

COLUMN 1 コンタクティーの元祖アダムスキーの霊が語る「宇宙時代」 ……『「宇宙の法」入門』156〜158ページ

COLUMN 2 地球の進化計画の責任者の一人、孔子からのメッセージ ……『「宇宙の法」入門』45、53〜54、55〜56ページ

CHAPTER 2 「宇宙人リーディング」入門

1 「リーディング」や「霊言」に必要な能力とは？ ……『不滅の法』143〜144ページ

2 催眠状態、トランス状態にならない理由 ……『神々が語る レムリアの真実』265〜266ページ

3 他に類のない「宇宙人リーディング」の仕組み……『不滅の法』145、146、147ページ
4 「宇宙人リーディング」が本物であることを、どう証明するか……『不滅の法』171〜172、173ページ
5 地球にやってきた爬虫類型宇宙人のその後は？……『不滅の法』179〜180ページ
6 「進化論」や「人類創成神話」の秘密を明らかにしたい……『不滅の法』180〜181、181〜182、193〜194ページ
COLUMN 3 近代科学の祖ニュートンが語る人類の魂の歴史……『大川隆法霊言全集 第50巻』238、240〜241ページ※
COLUMN 4 ゼータ星人が明かす「星間転生」の秘密……『宇宙人との対話』146〜148ページ

CHAPTER 3 UFO航行の原理

1 人類は百年以内にUFO技術を手に入れる……『ユートピア創造論』130〜131ページ
2 「UFOの原理」は「タイムマシンの原理」に似ている？……『ユートピア創造論』131ページ
3 突然、現れたり消えたりするUFOの不思議……『神秘の法』263、264、265ページ
4 なぜ、銀河の外まで一瞬で移動することができるのか……『神秘の法』266〜268ページ
5 異次元空間を通るとき、体はどうなっている？……『神秘の法』269、270ページ
6 アブダクションで使われる、壁をすり抜ける牽引ビーム……『神秘の法』272〜275、276ページ
COLUMN 5 アトランティスの大導師トスが語る宇宙人のテレパシー能力……『アトランティス文明の真相』19〜21ページ

CHAPTER 4 なぜ、宇宙人は地球にやってくるのか？

1 他の星への介入を許す「宇宙憲章」の例外規定……『「信仰のすすめ」講義』31〜33ページ※

2　〝ある歴史的大事件〟以降、ＵＦＯ目撃数が増えている……『「信仰のすすめ」講義』50〜51ページ※
3　「宇宙人の魂」が地球人の肉体を借りる「ウォーク・イン」……『「信仰のすすめ」講義』52〜53ページ※
COLUMN 6　大師マイトレーヤーが語る「宇宙人が抱いている危機感」……『ゾロアスターとマイトレーヤーの降臨』136〜137、138〜139ページ
COLUMN 7　アダムスキーの霊が語る「アメリカと中国を支援している宇宙人」……『「宇宙の法」入門』139〜141、143〜150ページ
COLUMN 8　人類の始祖マヌが明かす、アメリカが手に入れた「核を超える兵器」……『神々が語る レムリアの真実』144〜147ページ
COLUMN 9　女神ガイアが予言する人口百億人時代の「人類の未来」……『太陽に恋をして』77〜78、79〜80ページ

CHAPTER 5　古代文明と宇宙人

1　ムー文明と宇宙人戦争
ベガ星で受信したムーからのＳＯＳ……『宇宙からの使者』164、165〜166ページ
ムーを攻撃してきた宇宙人とは？……『宇宙からの使者』167ページ
ラ・ムー大王を支援した宇宙人たち……『宇宙からの使者』167、168〜169、171ページ
2　アトランティス文明と宇宙人技術
宇宙人との技術共同開発……『アトランティス文明の真相』18、25ページ
すでに原爆や水爆に当たる兵器があった……『アトランティス文明の真相』25〜27ページ

ピラミッド・パワーをはじめとする、さまざまなエネルギー技術……『アトランティス文明の真相』27～30ページ
現在の人類とは異なる「アトランティス種」とは?……『アトランティス文明の真相』61～65ページ

3 古代インカ文明と宇宙人の侵略
古代インカ時代に飛来したプレアデス星人……『宇宙からのメッセージ』123～125ページ
古代インカ文明を攻撃した宇宙人とは?……『宇宙からのメッセージ』130～133ページ

4 古代日本とUFO・宇宙人のつながり……『日本建国の原点』158、162～163ページ
山本七平の霊が語る「天鳥船・天磐船」UFO説……『公開霊言 山本七平の新・日本人論 現代日本を支配する「空気」の正体』122～123ページ
アダムスキーの霊が語る「神話のなかのUFO」……『「宇宙の法」入門』153～154ページ
神武天皇が語る「秀真文字」のルーツ……『神武天皇は実在した』86、96～97ページ
COLUMN 10 「かぐや姫」は宇宙人だった?……『不滅の法』182～185ページ

CHAPTER 6 地球に飛来している宇宙人たち
はるか昔から地球に来ていた宇宙人……『宇宙からのメッセージ』107ページ

1 プレアデス星人……『不滅の法』191ページ
プレアデス星人の特徴① 外見……『宇宙からのメッセージ』137～138ページ
プレアデス星人の特徴② UFO……『宇宙からのメッセージ』126～128ページ

プレアデス星人の特徴③　精神性……『宇宙人リーディング 未来予知編』212〜213ページ※

COLUMN 11　宇宙考古学者ゼカリア・シッチンは元宇宙人？……『「宇宙の法」入門』126〜128ページ

2　ベガ星人……『不滅の法』191〜192ページ

ベガ星人の特徴①　外見……『宇宙人との対話』169〜171ページ

ベガ星人の特徴②　精神性……『宇宙人との対話』172〜173、176〜177、179ページ

ベガ星人の特徴③　地球に来ている理由……『宇宙人との対話』177〜178ページ

COLUMN 12　「オシリスの復活」を助けたベガ星人のヒーリングパワー……『不滅の法』91、92〜95ページ

3　ウンモ星人……『「信仰のすすめ」講義』17〜18ページ※

ウンモ星人の特徴①　精神性……『宇宙人との対話』72〜73、74〜75ページ

ウンモ星人の特徴②　地球に来ている理由……『宇宙人との対話』75、77〜78ページ

ウンモ星人の特徴③　外見……『宇宙人との対話』78〜80、82、86ページ

ウンモ星人の特徴④　UFO……『宇宙人との対話』86〜87、95〜96ページ

4　ケンタウルス座α星人

ケンタウルス座α星人の特徴①　科学技術……『宇宙からの使者』70〜71ページ

ケンタウルス座α星人の特徴②　外見……『宇宙からの使者』89〜90ページ

ケンタウルス座α星人の特徴③　精神性……『宇宙からの使者』92〜94ページ

COLUMN 13　ケンタウルス座α星の秘された歴史……『宇宙人との対話』238〜242ページ、『宇宙からの使者』73、75〜77、80ページ

5　レプタリアン……『レプタリアンの逆襲Ｉ』13〜14ページ
①エンリル
「われわれが地球の神なんです」……『「宇宙の法」入門』21〜24ページ
「アメリカ文明が滅びるように、さまざまな『仕掛け』を進めている」……『「宇宙の法」入門』27ページ
②「進化」を司るゼータ星の翼竜型レプタリアン
「『バットマン』によく似た姿で、空を飛べます」……『宇宙人との対話』110〜112ページ
「われわれは進化と競争を進めるために地球に来ている」……『宇宙人との対話』112〜114、115〜116ページ
宇宙人の魂が地球人として生まれるには？……『宇宙人との対話』119〜120ページ
「アングロサクソン系の中心的な考えは、レプタリアンの思想」……『宇宙人との対話』121〜122ページ
中国に入っている二種類のレプタリアンとは？……『宇宙人との対話』136〜139ページ
「われわれは高い次元の悟りを技術と一致させている」……『宇宙人との対話』155〜157、159ページ
③「地球の守護神」のアルタイル星人
エンリルは、元の星では知り合いなんだ……『レプタリアンの逆襲Ｉ』111〜112、113〜114ページ
古代インカを攻撃したレプタリアンとの関係は？……『レプタリアンの逆襲Ｉ』115〜117ページ
「侵略に来たけれども、意外なことに、負けたんだよ」……『レプタリアンの逆襲Ｉ』138〜141、142〜143、145ページ

CHAPTER 7　地球を守る「宇宙連合」とは？

1　宇宙人たちが語る「宇宙連合」「惑星連合」

地球を見守る「宇宙連合」が存在する……『宇宙人リーディング 未来予知編』192、193ページ※
「惑星連合」を構成しているグループとは？……『多様なる創造の姿』171、172ページ※
「危機のときには『惑星連合』が必ず助けに来る」……『地球を守る「宇宙連合」とは何か』52〜53、54〜55ページ
ロシアの隕石粉砕には宇宙人がかかわっていた？……『ダークサイド・ムーンの遠隔透視』112〜114、116〜117ページ
2
女神アテナが語る「地球防衛の条件」
「一定以上の介入に対しては『ノー』を言う必要がある」……『「宇宙の法」入門』71〜72、72〜73ページ
「宇宙的に見て地球のほうが優れているものもある」……『「宇宙の法」入門』73、74〜76ページ
宇宙人の侵略行為に対して「バリア」を張る方法……『「宇宙の法」入門』76〜77、78〜79ページ
3
宇宙連合の指導者が語る「宇宙連合の秘密」
宇宙からのメッセージが届かない日本……『宇宙連合の指導者インカール』79〜80、84〜87ページ※
アポロ計画で「戦慄の恐怖」を味わったアメリカ……『宇宙連合の指導者インカール』87〜88ページ※
地球の自治は宇宙連合の管理下にある？……『宇宙連合の指導者インカール』88〜90ページ※
「地球を庇護するものの中心」は、二、三千年周期で交替する……『宇宙連合の指導者インカール』93〜95ページ※
宇宙連合は「宇宙の進化速度」を調整している……『宇宙連合の指導者インカール』96〜98、99〜100、101ページ※
4
アンドロメダの総司令官が語る「宇宙の正義」
「『宇宙の正義を守る』ということに、強い正義感を感じています」……『地球を守る「宇宙連合」とは何か』95〜96ページ
「悪質宇宙人を指導している者」がいる？……『地球を守る「宇宙連合」とは何か』99〜101、102ページ
レプタリアンが信仰している「宇宙の邪神」とは……『地球を守る「宇宙連合」とは何か』102〜106ページ

それぞれの星の悪魔たちは「裏宇宙」でつながっている？……『地球を守る「宇宙連合」とは何か』106～109ページ

地球を守る「宇宙連合」を守護している存在……『地球を守る「宇宙連合」とは何か』110～111、112、114ページ

COLUMN 14 アトランティスの大導師トスが語る「裏宇宙」と「パラレルワールド」……『トス神降臨・インタビュー アトランティス文明・ピラミッドパワーの秘密を探る』69～72、74～80ページ

Epilogue 「地球人」としての目覚め

地球より進化した星は必ず存在する……『不滅の法』72～73ページ

人類との交流を待ち望んでいる宇宙人たち……『不滅の法』73～75ページ

「新しい地球人」として目覚めよう……『不滅の法』76～78ページ

※は、宗教法人幸福の科学刊。書店では取り扱っておりませんので、詳しくは左記までお問い合わせください。

【幸福の科学サービスセンター】TEL 03・5793・1727
（受付時間　火～金／10時～20時　土日祝／10時～18時）

ザ・コンタクト
──すでに始まっている「宇宙時代」の新常識──

2015年9月9日　初版第1刷

著　者　　大《おお》川《かわ》隆《りゅう》法《ほう》

発行所　　幸福の科学出版株式会社

〒107-0052 東京都港区赤坂2丁目10番14号
TEL(03)5573-7700
http://www.irhpress.co.jp/

印刷・製本　株式会社 堀内印刷所

落丁・乱丁本はおとりかえいたします

ISBN978-4-86395-713-8 C0014

photo：NASA, ESA, AURA/Caltech, Palomar Observatory ／ ella1977/Shutterstock.com
NASA/CXC/M.Weiss ／／ Somchai Som/Shutterstock.com ／ Maria Starovoytova/Shutterstock.com
Roman Sigaev/Shutterstock.com ／ IvanRu/Shutterstock.com ／ NASA,ESA,and M.J.Jee
Baldas1950/Shutterstock.com ／ NASA/CXC/Penn State/S.Park et al.; Optical Pal.Obs
時事通信フォト／ NASA,ESA,and M.Livio and the Hubble 20th Anniversary Team(STScI)
Ricardo Liberato ／ NASA/CXC/Penn State/S.Park et al.; Optical Pal.Obs. DSS　g292
italianphoto/Shutterstock.com ／ Igor Kovalchuk/Shutterstock.com ／ deepskycolors.com
Robert K. G. Temple ／広東衛視台／ Rex Features/ アフロ／ ©NASA ／ ©Adam Evans

大川隆法「法シリーズ」

太陽の法

エル・カンターレへの道

創世記や愛の段階、悟りの構造、文明の流転を明快に説き、主エル・カンターレの真実の使命を示した、仏法真理の基本書。

2,000円

神秘の法

次元の壁を超えて

この世とあの世を貫く秘密を解き明かし、あなたに限界突破の力を与える書。この真実を知ったとき、底知れぬパワーが湧いてくる！

1,800円

不滅の法

宇宙時代への目覚め

「霊界」「奇跡」「宇宙人」の存在。物質文明が封じ込めてきた不滅の真実が解き放たれようとしている。この地球の未来を切り拓くために。

2,000円

※表示価格は本体価格（税別）です。

大川隆法ベストセラーズ・**遠隔透視シリーズ**

THE FACT 異次元ファイル

大学生 UFO 遭遇事件の真相に迫る

UFOと遭遇した姉弟に次々と起こる不可解な現象を、4つの霊能力で徹底解明！「UFO後進国・日本」の常識を超える宇宙人の実態とは!?

1,400円

ネバダ州米軍基地「エリア51」の遠隔透視

アメリカ政府の最高機密に迫る

ついに、米国と宇宙人との機密が明かされる。人類最高の「霊能力」が米国のトップ・シークレットを透視する衝撃の書。

特別装丁 函入り

10,000円

ダークサイド・ムーンの遠隔透視

月の裏側に隠された秘密に迫る

特別装丁 函入り

地球からは見えない「月の裏側」には何が存在するのか？ アポロ計画中止の理由や、2013年のロシアの隕石落下事件の真相など、驚愕の真実が明らかに！

10,000円

中国「秘密軍事基地」の遠隔透視

中国人民解放軍の最高機密に迫る

人類最高の霊能力が未知の世界の実態を透視する第二弾！ アメリカ政府も把握できていない中国軍のトップ・シークレットに迫る。

1,500円

幸福の科学出版

大川隆法 霊言シリーズ・宇宙時代の到来に向けて

宇宙からのメッセージ

宇宙人との対話 Part2

なぜ、これだけの宇宙人が、地球に集まっているのか。さまざまな星からの来訪者が、その姿や性格、使命などを語り始める。

1,400 円

宇宙からの使者

地球来訪の目的と使命

圧倒的なスケールで語られる宇宙の秘密、そして、古代から続く地球文明とのかかわり——。衝撃のTHE FACT 第5弾!

1,500 円

地球を守る「宇宙連合」とは何か

宇宙の正義と新時代へのシグナル

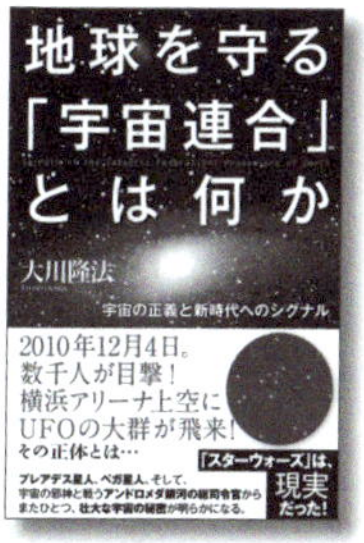

プレアデス星人、ベガ星人、アンドロメダ銀河の総司令官が、宇宙の正義を守る「宇宙連合」の存在と壮大な宇宙の秘密を明かす。

1,300 円

グレイの正体に迫る

アブダクションから身を守る方法

レプタリアンにつくられたサイボーグの「グレイ」と、宇宙の平和を守る「宇宙ファイター」から、「アブダクション」の実態とその撃退術が明かされる。

1,400 円

大川隆法霊言シリーズ・宇宙時代の到来に向けて

太陽に恋をして

ガイアの霊言

大川隆法　大川紫央　共著

地球文明を創造した「始原の神アルファ」。そして、それを支えた「女神ガイア」――。六億年の時をへて、「真の創世記」が語られる。

1,600円

トス神降臨・インタビュー アトランティス文明・ピラミッドパワーの秘密を探る

アンチエイジング、宇宙との交信、死者の蘇生、惑星間移動など、ピラミッドが持つ神秘の力について、アトランティスの「全知全能の神」が語る。

1,400円

宇宙の守護神とベガの女王

宇宙から来た神々の秘密

地球に女神界をつくった「ベガの女王」と、悪質宇宙人から宇宙を守る「宇宙の守護神」が登場。2人の宇宙人と日本の神々との関係が語られた。

1,400円

宇宙人による 地球侵略はあるのか

ホーキング博士「宇宙人脅威説」の真相

物理学者ホーキング博士の宇宙の魂が語る、悪質宇宙人の地球侵略計画。「アンドロメダの総司令官」が地球に迫る危機と対抗策を語る。

1,400円

※表示価格は本体価格（税別）です。

大川隆法シリーズ・新刊

父が息子に語る「宗教現象学入門」

「目に見えない世界」を読み解くカギ

大川隆法　大川真輝　共著

霊言、悪霊憑依、病気治しの奇跡――。目に見えないスピリチュアルな世界の法則を、大川総裁と現役大学生の次男がわかりやすく解き明かす。

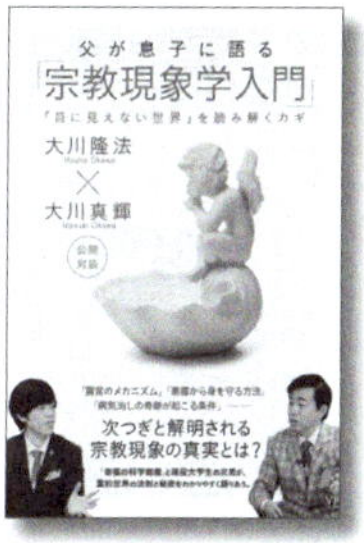

1,400円

箱根山噴火リーディング

首都圏の噴火活動と「日本存続の条件」

箱根山の噴火活動は今後どうなるのか？浅間山・富士山噴火はあるのか？ 活発化する火山活動の背景にある霊的真相を、関東を司る神霊が語る。

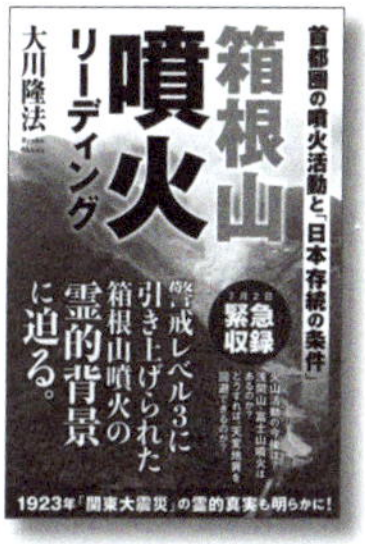

1,400円

SF作家 小松左京の霊言「日本沈没」を回避するシナリオ

SFで描かれた未来が現実に！？映画『日本沈没』の原作者が天上界から贈る、驚愕の近未来予測。天変地異や他国からの侵略を回避する術とは？

1,400円

日本建国の原点

この国に誇りと自信を

二千年以上もつづく統一国家を育んできた神々の思いとは――。著者が日本神道・縁《ゆかり》の地で語った「日本の誇り」と「愛国心」がこの一冊に。

1,800円

Welcome to Happy Science!
幸福の科学グループ紹介

「一人ひとりを幸福にし、世界を明るく照らしたい」──。その理想を目指し、
幸福の科学グループは宗教を根本《こんぽん》にしながら、幅広い分野で活動を続けています。

宗教活動

宗教法人 幸福の科学【happy-science.jp】
- 支部活動【map.happy-science.jp（支部・精舎へのアクセス）】
- 精舎（研修施設）での研修・祈願【shoja-irh.jp】
- 学生局【03-5457-1773】
- 青年局【03-3535-3310】
- 百歳まで生きる会（シニア層対象）
- シニア・プラン21（生涯現役人生の実現）【03-6384-0778】
- 幸福結婚相談所【happy-science.jp/activity/group/happy-wedding】
- 来世幸福園（霊園）【raise-nasu.kofuku-no-kagaku.or.jp】

来世幸福セレモニー株式会社【03-6311-7286】

株式会社 Earth Innovation【earthinnovation.jp】

社会貢献

ヘレンの会（障害者の活動支援）【www.helen-hs.net】

自殺防止運動【www.withyou-hs.net】

支援活動
- 一般財団法人
「いじめから子供を守ろうネットワーク」【03-5719-2170】
- 犯罪更生者支援

国際事業

Happy Science 海外法人
【happy-science.org（英語版）】【hans.happy-science.org（中国語簡体字版）】

教育事業

学校法人 幸福の科学学園
- 中学校・高等学校（那須本校）【happy-science.ac.jp】
- 関西中学校・高等学校（関西校）【kansai.happy-science.ac.jp】

宗教教育機関
- 仏法真理塾「サクセスNo.1」（信仰教育と学業修行）【03-5750-0747】
- エンゼルプランV（未就学児信仰教育）【03-5750-0757】
- ネバー・マインド（不登校児支援）【hs-nevermind.org】
  - ユー・アー・エンゼル！運動（障害児支援）【you-are-angel.org】

高等宗教研究機関
- ハッピー・サイエンス・ユニバーシティ（HSU）

政治活動

幸福実現党【hr-party.jp】
- <機関紙>「幸福実現NEWS」
- <出版> 書籍・DVDなどの発刊

HS 政経塾【hs-seikei.happy-science.jp】

出版 メディア 関連事業

幸福の科学の内部向け経典の発刊

幸福の科学の月刊小冊子【info.happy-science.jp/magazine】

幸福の科学出版株式会社【irhpress.co.jp】
- 書籍・CD・DVD・BD などの発刊
- <映画>「UFO 学園の秘密」【ufo-academy.com】ほか８作
- <オピニオン誌>「ザ・リバティ」【the-liberty.com】
- <女性誌>「アー・ユー・ハッピー？」【are-you-happy.com】
- <書店> ブックスフューチャー【booksfuture.com】
- <広告代理店> 株式会社メディア・フューチャー

メディア文化事業
- <ネット番組>「THE FACT」【youtube.com/user/theFACTtvChannel】
- <ラジオ>「天使のモーニングコール」【tenshi-call.com】

スター養成部（芸能人材の育成）【03-5793-1773】

入会のご案内

幸福の科学では、大川隆法総裁が説く仏法真理《ぶっぽうしんり》をもとに、「どうすれば幸福になれるのか、また、他の人を幸福にできるのか」を学び、実践しています。

入会

仏法真理を学んでみたい方へ

大川隆法総裁の教えを信じ、学ぼうとする方なら、どなたでも入会できます。入会された方には、『入会版「正心法語」』が授与されます。

三帰《さんき》誓願《せいがん》

信仰をさらに深めたい方へ

仏弟子としてさらに信仰を深めたい方は、仏《ぶっ》・法《ぽう》・僧《そう》の三宝《さんぽう》への帰依を誓う「三帰誓願式」を受けることができます。三帰誓願者には、『仏説・正心法《しょうしんほう》語《ご》』『祈願文《きがんもん》①』『祈願文②』『エル・カンターレへの祈り』が授与されます。

Information

幸福の科学 サービスセンター

TEL 03-5793-1727（受付時間／火～金：10～20時　土・日祝：10～18時）

宗教法人 幸福の科学 公式サイト happy-science.jp

リーディング」で登場した200体以上の宇宙人を紹介。

大川隆法「宇宙人リーディング」シリーズ

2010年以降、真理探究の一環として、大川隆法総裁は「宇宙人リーディング」を行っています。宇宙人の過去世を持つ人の「魂の記憶」を遡り、さまざまな星に生きる宇宙人の姿や性質、思想、生活様式などが明らかになっています。また、宇宙航行の技術や、地球文明と宇宙人のかかわりなど、ほかでは得られない最新の宇宙人情報は、「宇宙時代の到来」を予感させるものです。

⑤『女性リーダーたちの宇宙の記憶』

⑥『地球を守りに来た龍神型宇宙人』

⑦『主の使命を支える宇宙人』

⑧『美や調和を愛する宇宙人』

⑬『宇宙人リーディング新種を求めて』

⑭『宇宙の中の地球人』

⑮『ぎょしゃ座のエイヴ星人とケンタウルス座α星のバナナコング』

⑯『オリオン座のウルフマンとベガ星の神がつくったスーパービーイング』

㉑『世界宗教を夢見る飛行型宇宙人と霊域を護るカピバラ嬢』

㉒『宇宙のCIA・キリン型宇宙人とフェアリー型宇宙人』

㉓『宇宙連合の指導者インカール』

㉔『未来科学リーディング』

※詳しくは下記までお問い合わせください。
【幸福の科学サービスセンター】℡ 03-5793-1727（受付時間　火～金：10時～20時　土日祝：10時～18時）

「特別版 宇宙人リーディング」
―多様なる宇宙人編―

2015年5月までの「宇宙人リーディング」で登場した宇宙人情報を一挙公開。

①『宇宙人探索リーディング』

②『多様なる創造の姿』

③『ベガ・プレアデスの教育について訊く』

④『人類創造の秘密に迫る』

⑨『現代の竹内文書』

⑩『ベガ星の大神官の秘密に迫る』

⑪『宇宙人リーディング未来予知編』

⑫『宇宙のグラディエーターと琴座のエガシー星人』

⑰『蟹座のドラゴン星人とベガを警備していたミスター・グリーン』

⑱『始原の神アルファとの出会い』

⑲『こぐま座のタータム1星人』

⑳『白銀に輝くクジラ型宇宙人』

この地球《ほし》は、
宇宙に必要か？
あなたを待ち受ける、
衝撃の"宇宙体験"
ベガ、プレアデス、
ダークサイド・ムーン――
ついに、地球人《あなた》は「宇宙人の秘密」を目撃する！
大川隆法 製作総指揮
長編アニメーション映画
UFO学園の秘密
The Laws of The Universe Part 0
製作総指揮・原案／大川隆法
監督／今掛勇 脚本／「UFO 学園の秘密」シナリオプロジェクト 音楽／水澤有一
総合プロデューサー／本地川瑞祥 松本弘司
総作画監督・キャラクターデザイン／今掛 勇 キャラクターデザイン／佐藤 陵 須田正己 美術監督／渋谷幸弘
VFX クリエイティブディレクター／粟屋友美子
キャスト／逢坂良太 瀬戸麻沙美 柿原徹也 金元寿子 羽多野渉
銀河万丈 仲野裕 千菅春香 藤原貴弘 白熊寛嗣 二又一成 伊藤美紀 浪川大輔
アニメーション制作／ HS PICTURES STUDIO 幸福の科学出版作品
©2015 IRH Press 配給／日活 配給協力／東京テアトル
UFO学園 検索
10月10日 全国一斉ロードショー！